IL GENE DELLO SPORT

GENE GNOCCHI

IL GENE DELLO SPORT

TUTTO QUELLO CHE AVRESTE VOLUTO SAPERE SULLO SPORT E AVETE OSATO CHIEDERE

BOMPIANI
OVERLOOK

ISBN 978-88-452-7292-9

Via Angelo Rizzoli, 8 – 20132 Milano

Prima edizione Bompiani aprile 2013

IL GENE DEL CALCIO

Com'è nata la leggenda della figurina di Pizzaballa?

La leggenda della figurina di Pizzaballa è nata perché nessuno alla Panini credeva che un portiere potesse chiamarsi Pizzaballa. Così, quando si trattò di stampare l'album delle figurine dei calciatori, decisero di stamparne solo una come prototipo. Perciò da allora la figurina di Pizzaballa diventò introvabile e si venne poi a sapere che l'unico che riuscì a completare l'album delle figurine con tutte le figurine compresa quella di Pizzaballa fu il figlio di Pizzaballa, che aspettò che il padre dormisse, lo vestì da portiere e lo fotografò a sua insaputa con una Polaroid e sotto la Polaroid scrisse il suo nome, appunto Pizzaballa, sempre comunque dopo essersi recato all'anagrafe e aver controllato che suo papà si chiamasse proprio Pizzaballa.

Ti è capitato di essere coinvolto nel calcioscommesse?

Devi sapere che ai miei tempi, quando io giocavo, non esistevano Eurobet e bwin. Veniva uno con un loden al campo e ci diceva che cosa dovevamo fare. Mi ricordo che una volta mi propose un over di non facilissima attuazione, perché, ricordo bene, la partita era Guastalla-Ostiglia e doveva finire 37 a 35 per il Guastalla senza generare il benché minimo sospetto. Io ne parlai subito col capitano dell'Ostiglia, tale Malavasi, il quale mi disse che si poteva fare tranquillamente e mi chiese contestualmente di mettergli in mano venti milioni di vecchie lire. Il giorno della partita capii che qualcosa non andava perché nella formazione dell'Ostiglia c'erano tutti tranne Malavasi, il quale era già in aereo, perché ho scoperto poi essere sì il mediano dell'Ostiglia, ma anche il portaborse di Lavitola e suo referente alle Cayman.

Perché il calcio si gioca in undici?

Il calcio si gioca in undici per poter permettere agli allenatori sconfitti dopo aver subìto un'espulsione di pronunciare alla stampa la seguente frase: "Be', certo, se avessimo giocato in undici..."

Hai mai dato uno schiaffo a un avversario in campo?

Sì, e qui devo fare coming out: ho fatto molto di più che dare uno schiaffo. Durante un Viadana-Poviglio avevo alle costole questo mediano, tale Pasini detto "tale Pasini", il quale continuava a martellarmi le caviglie facendomi continuamente fallo. Eravamo verso l'ottantesimo minuto e allora mi sono vendicato in maniera un po' plateale: ho chiesto a un mio amico in tribuna di procurarmi un costume di Rey Mysterio, mi sono avvicinato alla panchina, mi sono travestito, ho preso un tirapugni, ho vestito l'arbitro come un arbitro del wrestling, ho delimitato il campo con delle funi, ho fatto venire un signore con un megafono tipo speaker che annunciasse la mossa che avrei fatto su tale Pasini, ho chiesto a un mio compagno di farmi fare la cavallina, ho preso la rincorsa, sono saltato sulla groppa del mio compagno e con entrambe le scarpe chiodate ho colpito al collo tale Pasini e alla fine me la sono cavata con un semplice giallo perché per l'arbitro, che era Niccolò Ghedini, si era trattato di un fallo del tutto fortuito.

Hai un piano antifreddo per evitare la sospensione delle partite di calcio?

Certo. Il piano antifreddo da me ideato per evitare la sospensione delle partite è molto semplice. Si prende il piano antifreddo di Alemanno e si fa esattamente il contrario.

Perché si dice zona Cesarini?

Come spesso accade, il lessema "zona Cesarini" nasce da una diacronia semantica strutturale, nota agli studiosi come "il lapsus di Carlo Sassi". Trattasi infatti non di "zona Cesarini", ma di "zona Cesarina", dal nome di tal Cesarina Zambroni, detta "la puledra di Zola Predosa", all'epoca fidanzata con Amedeo Biavati. Biavati era talmente invaghito della Zambroni che, pur di rivederla con qualche minuto di anticipo, era solito abbandonare il campo prima del fischio di chiusura, ma non prima di aver segnato un gol. Poi raggiungeva la Cesarina e le segnava un altro paio di gol. Era nato il passo doppio, ma questa è un'altra storia.

Hai qualche idea particolare per evitare i gol fantasma?

Per evitare i gol fantasma io credo che ci siano sostanzialmente due sole possibilità. La prima consiste nel mettere dentro alla porta un enorme parallelepipedo fatto tutto di pongo, in modo che se il pallone varca completamente la linea si va tutti a vedere se ha lasciato un segno nel pongo. Se ha lasciato il segno è gol, altrimenti non è gol. Questa soluzione ha il grosso vantaggio che darebbe un grandissimo impulso alle industrie che producono pongo (come sicuramente sapete, il pongo è un po' la materia prima italiana e Dio sa quanto i giacimenti di pongo abbiano bisogno di estrazioni soprattutto in un periodo di grande crisi come quello attuale) e allieterebbe la prole dei calciatori, i quali dopo la partita potrebbero in un gesto di fair play e amicizia dividersi il pongo e portarne dei cubetti a casa ai figli per giocare. La seconda soluzione è molto più semplice e consiste nel mettere appollaiati sulla traversa un gufo e una civetta, opportunamente addestrati a vedere se il pallone ha varcato la linea oppure no. Se è gol, il gufo e la civetta volano via assieme, se non è gol stanno lì. Se sono in dubbio, litigano e uno dei due vola via. E allora si ricorre alla moviola.

Sei mai stato espulso ingiustamente?
Non sono mai stato espulso, ma sempre ingiustamente.

Tu hai mai fatto da paciere con i tifosi?
Sì, durante un Guastalla-Sanmartinese. Eravamo in lotta per non retrocedere e stavamo perdendo per 6-0 in casa quando i tifosi ci costrinsero non solo a toglierci la maglia, ma a disegnarne una nuova seguendo le indicazioni di un cartamodello del mensile "Rakam". Che poi ci avrebbero pensato loro a farla fare da una cugina di un tifoso che aveva un'aziendina tessile vicino a Rovigo. Andai a parlare con tale Efrem Barigazzi, capo degli ultras, e dopo una lunga trattativa rimanemmo d'accordo che non avremmo mai più potuto indossare la maglia del Guastalla, essendo indegni, ma potevamo giocare a torso nudo con il numero sulla schiena applicato con i trasferelli. Fortunatamente nel finale di campionato il tempo fu buono e nessuno prese malanni.

Con che cosa sostituiresti i calci di rigore?
Io sostituirei i calci di rigore con una prova di abilità.

Alla fine, in caso di parità, vince la squadra che ci mette meno tempo a convincere Renzo Bossi che la Terra gira intorno al Sole.

Perché il tacito accordo tra due squadre viene chiamato "biscotto"?

Sull'origine della parola biscotto ci sono varie teorie. C'è chi dice che l'accordo tra due squadre per aggiustare un risultato si chiami biscotto perché al termine del primo Ambrosiana-Novara del 1929 le due squadre, contente, si mangiarono un pacchetto di Ringo Boys. Alcuni dicono che invece biscotto significhi "bis-cotto", cioè scottato due volte oppure scotto due volte e in questo caso significherebbe che il risultato è stato talmente ammorbidito che è diventato scotto (per questo, confronta il dizionario Devoto-Oli, pagina 125, con note a margine del linguista Luigi Pareyson introdotto dal glottologo Antenore De Martis). Qualunque sia l'origine della parola, la realtà è che viene fatto per interessi personali a scapito della collettività o senza curarsi di qualsivoglia regola morale o etica, quindi non mi stupirei se il prossimo premier italiano avesse sei TV e si chiamasse Cavalier Biscottoni.

È vero che uno sceicco voleva comprare il Fidenza?

Sì, è verissimo, ci sono state tante trattative originate dal fatto che nelle campagne circostanti Fidenza era stato scoperto un grosso giacimento di Cialis e quindi lo sceicco intendeva utilizzare il Fidenza Calcio come foglia di fico per estrarre il Cialis dal sottosuolo della zona. La cosa poi, purtroppo, non è andata in porto perché tutta la cittadinanza fidentina, composta per l'80 per cento da ultrasettantenni, è insorta perché veniva così a sparire l'unica fonte di felicità per quel piccolo consesso urbano. Lo sceicco, che si chiama Al Maktoum Al Pashtoum Al Cartun Al Bidun, ha così dirottato le sue attenzioni sul San Colombano Calcio. Così lo sceicco si è trasferito a San Colombano al Lambro con la famiglia, con le quaranta mogli e le quaranta suocere ma proprio l'altro giorno, parlando con lui, mi confidava la sua gravissima crisi matrimoniale originata dal fatto che, per un caso stranissimo, le sue quaranta mogli tutte le sere, allo stesso momento, accusano un fastidioso mal di testa.

Perché tutti i calciatori vanno in vacanza a Formentera?

La risposta è molto semplice. I calciatori a fine campionato hanno un desiderio assoluto di staccare, di ritrovare una loro pace e una loro interiorità più profonda, di ristabilire un contatto con la natura incontaminata e un rapporto con la propria spiritualità molto più marcato, vieppiù i calciatori sentono l'esigenza di una relazione mistica non turbata da false illusioni e da gioie effimere. Proprio per questo Formentera, dove come tu ben sai non esistono né discoteche, né bar, né ritrovi per i giovani, dove non ci sono ragazze mezze nude a turbare gli animi, dove gli alcolici sono banditi e le sostanze stupefacenti provocano orrore al solo sentirle nominare, dove la sera verso le venti ci si corica per destarsi al canto del gallo conducendo una vita monacale, ecco, per tutti questi motivi Formentera è la meta non solo ambita, ma anche ideale per le vacanze di tutti i nostri calciatori.

Quali sono le doti principali che deve avere un procuratore di calcio?

Le doti principali che deve avere un procuratore di calcio sono: essere stato pizzaiolo, avere una calcolatrice se non sai fare di conto da solo, riuscire a fare le bolle di sapone giganti, avere esperienza ventennale nel gioco delle tre tavolette, vantare almeno duecento apparizioni a *Calciomercato* di Sportitalia, azzeccare meno congiuntivi di Antonio Cassano e aver fatto incazzare almeno una volta Zamparini per avergli rifilato un bidone peruviano. Se ti riconosci in queste caratteristiche, sei il degno erede di Mino Raiola.

Sei mai stato paparazzato in vacanza?

Devi sapere, caro lettore, che quando giocavo a calcio ero perennemente inseguito dai paparazzi perché avevo una relazione con Moira Orfei, la quale tra l'altro non passa certo inosservata. Andavamo in camporella sul suo elefante e questo, come tu puoi ben capire, non è che agevoli la privacy. Per farla breve ci fotografarono talmente tante volte che alla fine si disse che io avevo una relazione con l'elefante.

Da che cosa si riconosce un vero top player?

Il top player si riconosce perché ha come moglie una top model, da cui ha avuto almeno due top figli, ha un top ingaggio, un parco di top macchine, non ha le top nei calzini, vive in un top loft con una top piscina sul top tetto, frequenta solo top vip e top locali, mangia nei top ristoranti e il personaggio televisivo che preferisce è Top Gigio.

Anche secondo te Stramaccioni si ispira a Mourinho?

Mi sembra, caro lettore, che ci siano troppe differenze per poter pensare anche lontanamente che l'allenatore dell'Inter si ispiri al suo predecessore. Te ne cito alcune. Uno: Mourinho allena una grande squadra come il Real Madrid mentre Strama è alla guida di una provinciale come l'Inter. Due: Mou impone una rigida disciplina tecnico-tattica alla sua squadra mentre il buon Strama gioca totalmente spensierato. Tre: lo Special One si crede Gesù Cristo mentre Andrea pensa di essere Dio. Quattro: Mou aggredisce gli arbitri nei garage dello stadio mentre Stramaccioni li segue con la macchina fino a casa loro, lascia che varchino la soglia e poi li insulta al citofono facendo la voce di Cambiasso. Quinto: Mou fa personalmente la formazione mentre Strama se la fa fare da Zanetti.

Quali sono i motivi più frequenti delle liti che nascono tra i calciatori e le società?

I motivi di discussione tra calciatori e società sono frequenti e legati agli argomenti più disparati. Ricordo ad esempio un'accesissima discussione tra Muslera della Lazio e Lotito, il suo presidente, sul significato da dare a un paragrafo del *De Bello Gallico*, in particolare l'episodio in cui Cesare convoca il senato e decide di dichiarare guerra alla Gallia senza la copertura finanziaria per le corazze e le spade, a cui si oppone Marco Porzio Catone, che pretendeva già allora la trasparenza dei conti. Muslera propendeva per una traduzione testuale mentre Lotito era per una traduzione libera e quasi si azzuffavano. Ricordo poi una violenta lite tra Pioli del Bologna e Pulzetti, un suo giocatore, sulla legge elettorale perché Pulzetti sosteneva il premierato forte alla tedesca con sbarramento del 4 per cento sulla quota di maggioranza mentre Pioli era per il doppio turno alla francese con liste bloccate. Ne nacque una discussione così accesa che al 36' del primo tempo di un Bologna-Palermo Pulzetti si sfilò la maglia e la gettò in faccia al malcapitato Pioli, il quale prese la maglia e la portò al politologo Giovanni Sartori, reo di aver creato confusione nella testa del suo giocatore. Per non tacere di un attrito fortissimo tra Zamparini e Miccoli, perché Zamparini sosteneva di aver avuto mille donne a Palermo e anche Miccoli sosteneva di aver avuto mille donne a Palermo e siccome a Palermo ci sono solo mille donne evidentemente c'era qualcosa che non andava. Questi sono solo alcuni dei tantissimi casi e li ho ricordati semplicemente per dirti che le discussioni non nascono quasi mai da motivi calcistici e che il calciatore col tempo ha assunto una consapevolezza di sé e una visione così aperta nei confronti della società che può dibattere di qualsiasi argomento tanto che non è escluso che vedremo presto Ambrosini a *Ballarò*.

Chi è per te il calciatore più elegante?

Sono appena stato a Pitti Uomo, dove tra l'altro, non lo sapevo, c'è anche una sezione chiamata "Pitbull Uomo", dove vengono presentati tutti i modelli di vestiti stracciati dai morsi di un pitbull. Venendo alla tua domanda, caro lettore, devo dire che il calciatore più elegante secondo me è Ibrahimovic, perché come sai eleganza è soprattutto passare inosservati e lui, con il naso che ha, può mettersi qualunque cosa che tutti guardano il naso e nessuno si accorge di quel che indossa.

Al Fidenza avete mai fatto un calendario osé come quello dei rugbisti francesi?

Al Fidenza no, ma tieni presente che io faccio parte di una società di tennistavolo e quest'anno abbiamo avuto la bellissima idea di farci fotografare nudi con davanti le palline da ping-pong, e ti assicuro che bastavano e avanzavano.

Sei favorevole all'introduzione degli arbitri di porta?

Sì, favorevolissimo, perché aumenta il numero delle mogli di arbitri libere la domenica, senza il marito a casa.

Quante amanti ha avuto in tutto Ryan Giggs?

È facile calcolarlo. Basta prendere l'elenco di tutte le donne sotto i quaranta anni nate in Gran Bretagna, sottrarre a queste donne quelle sotto i trenta che si è fatto John Terry e sottrarre a quelle rimaste le donne sotto i venticinque che si è fatto, pagando, Wayne Rooney. A questo punto si moltiplica ogni donna per il numero di suocere (perché per Giggs basta che respirino) e hai come risultato le amanti di Ryan, quelle però che non sono andate su Twitter. A queste devi dunque aggiungere le 7.948.202 amanti che ha avuto su Twitter. Il calcolo alla fine fallo tu perché io non me la sento…

A quali grandi presidenti del passato si ispira Aurelio De Laurentiis per gestire il Napoli?

Al più grande tra i presidenti del passato: Alberto Sordi, presidente del Borgorosso Football club.

Quali videocassette del tuo archivio sportivo riguardi più volentieri?

Premetto che ho un archivio sportivo secondo solo alle Teche Rai perché ho registrato milioni e milioni di eventi sportivi dagli anni sessanta a oggi. Si va dalla finale di Coppa dei Campioni tra Milan e Benfica del 1963 al tiro alla fune del raduno leghista di Sesto Calende, passando per una finale regionale abruzzese di scacchi e i quarti di tiro al piattello al "Memorial ispettore Callaghan" di Luino. Quindi, caro lettore, stai parlando con uno che ha solo l'imbarazzo della scelta. Ti confesso che la videocassetta che rivedo più volentieri è l'incontro di kung-fu tra Cantona e il pubblico dello stadio del Crystal Palace, interrotto alla sesta ripresa per manifesta superiorità del grande Eric.

Tu a chi avresti assegnato lo scudetto del 2006?

Lo avrei assegnato a chi fortemente si è battuto per conquistarlo, ha dato l'anima perché quello scudetto fosse suo, ha usato tutti i mezzi per appuntarsi sul petto quel tricolore, non si è mai tirato indietro davanti alle difficoltà per raggiungere l'obiettivo. Cioè, l'avrei dato a Luciano Moggi.

Hai mai scioperato quando eri calciatore?

Sì. Ho scioperato nel 1977, quando giocavo nel Guastalla. Non so se qualcuno se lo ricorda, ci fu la grossissima questione che tutti i presidenti dei club della Bassa Padana volevano pagare i premi partita in maiali o frazioni di essi (leggasi prosciutti, culatelli ecc.). Mentre noi calciatori volevamo essere retribuiti, se proprio di merce doveva trattarsi, con dipinti originali di Ligabue. Quindi per la prima domenica di campionato noi ci presentammo in campo tutti vestiti da Ligabue e disputammo un'amichevole contro undici maiali con la pettorina. Mostrando in modo palese il senso della nostra protesta. Poi in settimana ci fu una grossissima epidemia di afta epizootica e il problema maiali non si pose più. Tornammo a essere pagati in petti di pollo e lo sciopero rientrò.

Quale preparazione specifica adottano le squadre italiane per l'Europa League?

Come tu ben sai l'Europa League è una manifestazione talmente prestigiosa e importante ed è così fondamentale parteciparvi, per l'immenso lustro che offre alle società, che le squadre per prepararla al meglio si radunano addirittura dopo che l'Europa League è cominciata.

Tu che cosa preferisci: la difesa a 3 oppure a 4?

Guarda, non so risponderti, pur avendo giocato sia con la difesa a 3 che a 4. Giocando con la difesa a 3 avevo come difensori Gennaro Antalmine, che giocava sulla fascia destra e che pesava centotrentotto chili, al centro avevo Rosario Palombo, che non aveva mai svolto compiti di copertura e sulla sinistra Tarcisio Friburgi, un ex impiegato della Guardia di Finanza che ora addestra i colombi per portare i messaggi del premier. Con questi tre ho fatto il campionato '94-95 nel San Felice sul Panaro e ho preso 138 gol. L'anno dopo, licenziato, trovai una panchina a San Polo d'Enza e provai la difesa a 4. Sulla destra avevo Rino Cerri, metalmeccanico in cassa integrazione a zero ore, al centro i gemelli Corcovado, che si muovevano bene ma avevano l'unico difetto di essere siamesi, e a sinistra Remo Turrini, che ha una sorella diciottenne bellissima e non so come adesso è a capo del Sisde. Quell'anno prendemmo 138 gol. Quindi come vedi non ho elementi sufficienti per poterti rispondere.

Che cosa fa un arbitro quando si accorge di aver sbagliato?

Be', fa quello che fanno in Italia tutte le persone oneste e di buon senso quando si accorgono che il proprio operato ha recato un danno e non è stato di aiuto alcuno alla crescita del paese e allo sviluppo collettivo, quando si impone una decisione che lasci da parte l'amor proprio e l'interesse personale per far posto al beneficio comune: non si dimette.

Hai mai avuto il mal di pancia dei calciatori?

Sì, ricordo benissimo che attraversai un periodo di depressione molto forte quando ero a Praticello di Gattatico.

Dopo trenta sconfitte consecutive, mi accorsi che forse la squadra non era competitiva. Sulla "Gazzetta di Reggio" dissi che speravo in una piena del Po che sommergesse il campo e i miei dieci compagni. La cosa ebbe una tale eco nel Reggiano che l'allenamento successivo mi ritrovai in campo da solo mentre i miei dieci compagni stavano carbonizzando la mia macchina dopo aver rubato l'autoradio e tutte le cassette di Don Bachi, oltre al cagnone con la testa che si muoveva che tenevo sul lunotto posteriore. Da quel momento, ho imparato la lezione e parlo sempre bene di tutti, anche di Renzo Bossi.

Esiste un trucco per parare un rigore?

C'è un vecchio trucco che usano ancora oggi parecchi portieri, ed è questo: la sera prima della partita telefonano al rigorista dell'altra squadra camuffando la voce e fingendosi un compagno di squadra, poi chiedono: "Senti un po', dove tirerai il rigore, se dovesse capitare?" Così il rigorista, pensando di parlare con il suo compagno di squadra e non con il portiere avversario, dirà esattamente dove tirerà il rigore. Se non ci credete, fate così: la domenica, quando vedete un rigore parato, chiedete i tabulati della Tim tra il portiere e il rigorista e vedrete se non ho ragione.

È vero che spesso vai in giro di notte con Boateng?

Sì, è verissimo, di solito Boateng arriva sotto casa mia

verso le due del mattino, perché come secondo lavoro fa il metronotte e alle due finisce di mettere i bigliettini nelle serrande dei negozi del centro. Si toglie la divisa da metronotte e mi citofona, ma il problema è che io ho il videocitofono e siccome Boateng cambia pettinatura ogni ora, spesso non scendo perché lo scambio o per Nocerino, oppure per Mario Yepes. E allora gli chiedo, per sincerarmi che sia lui, di farmi vedere il grosso tatuaggio che ha sulla natica, ma anche qui c'è un problema, e cioè che lui non riesce ad arrivare al videocitofono a mostrarmi la natica, quindi di solito da quando lui mi citofona all'identificazione passano sempre quelle tre-quattro orette, per cui io scendo alla mattina alle sei e a quel punto prendiamo un cappuccino al bar Commercio, ci infiliamo in stazione e guardiamo i treni che passano.

Come si stabiliscono i bacini d'utenza per le squadre di Serie A?

È semplicissimo: basta calcolare il numero dei fan club di ogni squadra italiana, moltiplicarlo per il numero delle copie della "Gazzetta dello Sport" vendute in ogni singolo fan club, dividerlo poi per il totale delle mogli dei soci cui non piace il calcio e moltiplicare questo risultato per il numero degli abbonamenti di Sky sottoscritti nei quattro anni precedenti all'entrata in vigore della norma. Quindi si sottrae a questo dato il numero di magliette gettate dai calciatori in segno polemico verso la società e poi si moltiplica per 117,2 ovvero i grammi di burro che mette la moglie di Caressa in ogni sua ricetta. A quel punto hai la configurazione esatta del bacino d'utenza di ogni singola società di Serie A.

Perché la Fifa vuole vietare iPad e iPhone in panchina?

Il motivo è molto semplice. La Fifa vuole vietare iPad e iPhone perché spesso la connessione viene disturbata dalle frequenze dei CB dei camionisti e potrebbe capitare, com'è successo in Germania nella Bundesliga, che un camionista o faccia apprezzamenti sulla fidanzata di qualcuno che sta in panchina, oppure disegni lui la tattica da seguire durante la partita. Siccome succede spesso che i camionisti ne sappiano più degli allenatori, la cosa ha creato qualche imbarazzo in seno all'associazione allenatori, i quali come tu ben sai sono molto suscettibili e hanno una tale paura di perdere il posto di lavoro che, se sentono minacciata la loro casta, reagiscono come Licia Colò quando un eschimese si avvicina a un suo orso con l'arpione.

Anche nella tua squadra c'erano i clan?

Ricordo che quando giocavo a Castiglione delle Stiviere venivamo da cinque province diverse. C'ero io parmigiano, poi alcuni veronesi, altri cremonesi, altri ancora bresciani e poi bergamaschi. Era tutto un pullulare di razze, un mix di culture e tradizioni diverse, usanze e consuetudini completamente differenti, gesti tribali che si intrecciavano a ordalie selvagge, nelle quali non si rinveniva un briciolo di comunanza, per cui a un certo punto tra gli undici che giocavano si formavano una ventina di clan e ti devo dire che la questione non è tuttora risolta perché tutti noi dopo quell'anno andammo in cura da un analista e non ne siamo ancora usciti.

Qual è il peggior infortunio che hai subìto nel calcio?

L'infortunio che ricordo con più amarezza è stato durante un Guastalla-Poviglio nel '75: avevo ricevuto un pallone sulla trequarti, avevo fatto uno scambio uno-due con la punta e mi stavo involando verso l'area avversaria quando da dietro tale Mastinia Adelvaldo, difensore del Poviglio, allungò la gamba e mi fece cadere pancia a terra. Lui non riuscì a frenare la corsa e finì sopra di me. Per dovere di cronaca faccio presente che Mastinia Adelvaldo fu il primo calciatore gay della Bassa Padana, e quello che poteva essere un semplice infortunio diventò una pratica così dolorosa che ancora oggi quando un qualunque Adelvaldo mi dà la mano ho sempre paura che con l'indice mi gratti il palmo.

Tu come festeggi dopo aver segnato un gol?

Ricordo che durante un incontro in notturna Viadana-Castelnuovo di Sotto mi arrivò un cross dalla trequarti, colpii di petto e in semirovesciata scaraventai il pallone nel "sette". A quel punto cominciai a correre impazzito, mi tolsi prima la maglietta di sopra, poi quella di sotto, poi i pantaloncini, quindi le mutande, le scarpe e le calze. Rimasi completamente nudo. Come un indemoniato, andai ai quattro lati del campo, mi arrampicai su ognuno dei piloni della luce e indirizzai tutte le luci verso il centro del campo, come un enorme occhio di bue. Poi telefonai a un quartetto di archi di Poviglio, i quali arrivarono e cominciarono a musicare la mia discesa verso l'occhio di bue. A quel punto, tra il delirio della folla, riapparvi in quel cono di luce in tutto il mio splendore. La cosa durò dalle 21.40, il momento del gol, fino alle 4.20 del mattino. Perciò da quel giorno nessuno vuole più che io faccia gol, neanche i miei compagni di squadra.

A che cosa serve la lunetta nell'area di rigore?

Per rispondere alla tua domanda, ti rimando al volume *Teoria e ipotesi sulla lunetta nei campi di calcio*, nel quale a pagina 361 si spiega esattamente la genesi della lunetta. Cito pari pari: "Il magazziniere Ottavio Lilloni, una domenica verso le due, fu incaricato di tirare le righe del campo per la partita Pontassieve-Cecina. Alla fine dell'operazione si accorse che gli era rimasto un po' di gesso, e allora disse tra sé e sé: 'Sai che cosa faccio? Due belle lunette, una per area'." E da allora la lunetta è in tutti i campi di calcio e non ha alcuna ragione di esistere, se non quella di smaltire l'eccesso di gesso.

Che cos'è il fair play finanziario?

Il fair play finanziario è questo: le società potranno continuare a valutare il terzo portiere della squadra Allievi come plusvalenza per trentacinque milioni di euro, potranno continuare a pagare in nero i giocatori ma con un giro di denaro che contempli conti esteri in paradisi fiscali come il Liechtenstein, le Cayman o San Marino, potranno continuare a far risultare a bilancio gli ammortamenti derivati da regali agli arbitri con l'Iva agevolata al 6 per cento, potranno continuare a centuplicare le spese per la ristrutturazione delle docce negli spogliatoi sostenendo di aver costruito un palazzetto da devolvere per le attività dei bambini a Kuala Lumpur. Cioè, si potrà continuare a fare tutto questo, ma con un sorriso sulle labbra, cioè con fair play.

Come mai non si fischiano quasi più i falli di ostruzione in area?

La questione del mancato sanzionamento dei falli di ostruzione in area è causata da un problema molto grosso, che è il diffondersi dell'omosessualità nel mondo del calcio. La sempre più marcata e manifesta tendenza omosessuale fa sì che agli arbitri spesso risulti troppo difficile distinguere in area tra un abbraccio frutto di un'effusione sentimentale e uno determinato dalla volontà di ostruire il gioco dell'avversario. Non è un caso infatti che tutti gli arbitri siano, nel momento in cui ti parlo, a rapporto da Aldo Busi, il quale ha accettato di tenere un corso per arbitri a

Coverciano sulla distinzione tra abbracci gay e ostruzione in area di rigore.

Ci sono stati scandali-escort nelle squadre in cui hai giocato?

Non ci sono mai stati perché ai miei tempi (e parlo dei trascorsi al Guastalla, la squadra in cui ho militato più a lungo) nessuno di noi era sposato e frequentavamo solo escort. Dopo di che quasi tutti si sono sposati con escort ed erano in evidente conflitto di interesse: trombavano la moglie e la pagavano. Ma in questo modo tutto funzionava: la moglie non poteva lamentarsi e la escort non aveva interesse a sputtanare il giocatore perché era il marito.

Com'è strutturata la settimana-tipo dell'aquila della Lazio?

La prima cosa che devi sapere, caro lettore, è che l'aquila della Lazio è stata voluta da Lotito per sostituire due dipendenti e togliere due stipendi dal bilancio. L'aquila svolge infatti per Lotito il compito di fattorino. Lunedì il presidente assicura alle grinfie del rapace l'incasso della partita della domenica e glielo fa portare in Svizzera, sul conto "Chinaglia" intestato alla moglie di Lotito. Il martedì, siccome ha il suo giorno libero, l'aquila va in giro per Roma e si diverte a portar via il parrucchino a tutti quelli che ce l'hanno. Il mercoledì riprende il lavoro e, se la Lazio gioca in coppa, porta un altro incasso in Svizzera sul conto "Gascoigne" intestato alla moglie di Lotito. Il giovedì l'aquila vola a Formello, si camuffa da merlo gigante, origlia i discorsi dei giocatori e torna a riferire al presidente se hanno parlato male di lui. Il venerdì, siccome si chiude la campagna abbonamenti, porta tutto l'introito in Svizzera sul conto "Ciccio Cordova" intestato alla moglie di Lotito. Il sabato va in ritiro con la squadra e la domenica fa il giro sull'Olimpico con un piattino cercando di raccogliere le offerte dei tifosi laziali che poi dovrà portare in Svizzera sul conto "Garlaschelli" intestato alla moglie di Lotito.

Ti manca già la cittadella viola che non si farà più?

Sì, è una mancanza insostenibile. L'altro giorno ero in cucina, mi accingevo a mangiare un piatto di semolino che mia moglie prepara verso le 11 e sono scoppiato in un pianto dirotto chinando la testa sul tavolo e rifiutandomi di mangiare. Mio figlio, sentito il pianto, è corso in cucina e mi ha chiesto: "Cos'hai papà?" Ho alzato gli occhi pieni di lacrime verso di lui e ho risposto: "La cittadella viola non si fa più." Al che anche lui ha cominciato a disperarsi e ci siamo abbracciati. Proprio in quel momento squillava il telefono, era un suo amico. L'ho sentito singhiozzare dall'altra parte del filo mentre mio figlio gli chiedeva cosa avesse. "Ho saputo che la cittadella viola non si fa più," ha spiegato. La notizia a Fidenza si è sparsa in un battibaleno. Gli impiegati hanno lasciato i posti di lavoro, gli operai sono usciti dalle fabbriche, i parrucchieri han chiuso e ci siamo trovati tutti in piazza a piangere perché la cittadella viola non si fa più. Tu, caro lettore, penserai che tutto questo dolore è spropositato. Ma vedo che dal tuo occhio sgorga già una lacrima. Purtroppo è vero: la cittadella viola non si fa più.

Perché i calciatori in tribunale non si ricordano mai di niente?

Le pallonate prese, i colpi di testa dati in anni e anni di onorato servizio sui campi: la prima cosa che ledono è il centro della memoria. Se poi alle pallonate si aggiunge un cospicuo incentivo a non ricordare, ecco che il calciatore fa scena muta senza alcuna fatica.

Sei mai stato punito per una plateale simulazione?

Sì, durante un Guastalla-Reggiolo del 1974 mi tuffai in area, ma allora non c'era la prova TV, però il pittore Ligabue che si trovava nei paraggi dipinse la scena e il giudice si avvalse di questo per squalificarmi per otto giornate o, in alternativa, farmi vedere tutti i film con Flavio Bucci.

Che ne pensi dei posticipi serali?

Parlavo proprio ieri col meteorologo Mario Giuliacci sull'argomento posticipi serali al freddo e al gelo. E lui mi ha sottoposto una teoria che mi sento di poter condividere. Secondo Giuliacci organizzando i match serali al Nord Italia in gennaio e febbraio si rischia molto di più di avere i campi gelati che fare le partite a Nairobi a mezzogiorno d'estate. E quindi sulla base di questa teoria proponeva di delocalizzare il campionato in situazioni climatiche che fossero consentanee con le tifoserie locali... Faccio un esempio: secondo lui Milan-Inter non si dovrebbe giocare in febbraio alle 20.30 a Milano, ma si dovrebbe disputare il 15 agosto a Marrakech alle 13, ora locale. Secondo lui anche le tifoserie sarebbero allettate da una simile prospettiva perché, diceva lui, c'è un tour operator (che detto per inciso si chiama Giuliacci Travel) che organizzerebbe pacchetti convenientissimi Milano-Marrakech con la possibilità di vedere il derby a Ferragosto.

Da giocatore hai mai truccato una partita?

Ne ho truccate talmente tante che ero soprannominato il Diego Dalla Palma della Bassa Padana. In particolare ricordo un Viadana-Fidenza, quando giocavo con Viadana, ed eravamo d'accordo per il pari, perché così noi avremmo vinto il campionato e loro si sarebbero salvati. Bene, al calcio d'inizio sia noi che loro rimanemmo fermi e immobili per 90 minuti fino al fischio finale. Ricordo il commento del cronista che fece il resoconto della partita: "Partita giocata prevalentemente a centrocampo senza grosse emozioni." E infatti il giorno dopo fu licenziato dal giornale.

Hai mai avuto una fan che ti ha perseguitato quando giocavi a calcio?

A parte che non ho ancora smesso di giocare a calcio, ma la verità è che ho una fan che mi perseguita da quando giocavo negli Allievi del Fidenza. Si chiama Cesira, ha settantaquattro anni e si è fatta fare un pupazzetto con le mie sembianze che usa come portachiavi. Questa donna si è invaghita di me da ragazza durante un Fidenza-Traversetolo. Lei era l'unica spettatrice e io in quella partita non giocai perché siccome andavo alle trasferte in trattore, fui fermato dalla polizia perché il mio trattore andava troppo piano: non superava i quindici all'ora e così il Multavelox mi fotografò e la foto venne talmente poco mossa che loro individuarono non solo la targa ma anche la persona. Comunque riuscii ad arrivare al campo e mi misi a guardare la partita. Lei mi si avvicinò subito chiedendomi l'autografo perché mi aveva scambiato per il cantante dei Led Zeppelin, Robert Plant. Io per non darle una delusione mi misi a cantare a squarciagola *Whole Lotta Love*, fermandomi dopo ogni strofa e traducendole la canzone in italiano. Lei fu talmente ammaliata che tutte le domeniche mi seguiva, poi però scoprì che io ero solo un modesto giocatore degli Allievi. A quel punto se la prese talmente tanto che ancora oggi tutte le notti mi telefona ansimando e poi, imitando la voce di Robert Plant, mi urla: "*Fuck off, poor little stronz.*"

Com'è che Antonio Conte prima non aveva un capello e ora che allena ha una folta chioma?

Il segreto è presto detto: gli si è poggiata in testa una poiana che si è affezionata al suo cuoio capelluto e non si stacca più da lì.

Che fine fanno i soldi delle multe pagate dalle società di calcio?

Le multe che vengono comminate alle società di calcio vanno a costituire un fondo, detto "Fondo Roberto Baggio", che va a tutti quei giocatori che hanno perso soldi facendo investimenti sbagliati. Il fondo prende il nome da Roby Baggio il quale, avendo saputo che i quotidiani spagnoli costavano trenta centesimi in meno dei quotidiani italiani, ne comprò quindici milioni di copie che poi cercò di rivendere in Italia il giorno dopo. Per dovere di cronaca, ne vendette tre: una copia di "El País" a sua moglie e due copie a Caliendo, il suo procuratore, che ne aveva bisogno di una in più perché doveva imbiancare la mega villa che si era costruito con le percentuali spuntate sugli ingaggi di Baggio.

Quando giocavi tu, hai mai partecipato al calciomercato?

In veste di giocatore svincolato e quindi proprietario del mio cartellino, intavolai una trattativa che doveva portarmi dal Reggiolo al Guastalla. Alla fine mi misi d'accordo con l'allora presidente Morini per una formula di prestito con riscatto prefissato. Il prestito era due maiali per tutto l'anno più quattro forme di grana se avessi superato i dieci gol, mentre il successivo riscatto fu fissato in dodici maiali. Purtroppo si verificò che alla fine del campionato si sviluppò un'epidemia di febbre suina e i maiali che dovevano arrivarmi morirono tutti. Il presidente Morini cercò allora di pagarmi in cinghiali sostenendo che la carne di cinghiale, se lasciata frollare quindici giorni, è molto meglio di quella di maiale, ma io non me la bevvi e feci un esposto agli organi federali, i quali mi dettero ragione e costrinsero il presidente a pagarmi con otto mucche razza frisona, che però, non avendo mai avuto il coraggio di ammazzare, stanno pascolando nel mio giardino da circa trentacinque anni.

Che cosa non possono fare i calciatori in vacanza?

La domanda capita a fagiolo perché è uscito proprio oggi il pentalogo con i cinque comportamenti che i giocatori non devono tenere durante le vacanze di Natale, che com'è noto amano trascorrere nelle località sciistiche più glamour. Uno: non possono assolutamente frequentare Tiger Woods. Due: quando sono in montagna, non possono assolutamente sciare; l'unica cosa che possono fare è il pupazzo di neve, ma senza la carota al posto del naso. Tre: possono incontrare solo cani San Bernardo senza la fiaschetta. Quattro: se per caso durante una gita in montagna incontrano Messner, non possono sopprimerlo ma soltanto menarlo di brutto. Cinque: non possono fare i pastori nei presepi viventi.

È vero che hai il personal trainer?

Sì, è vero. Ho un personal trainer che si chiama Alberto Mingozzi ed è uno degli allenatori più bravi a livello giovanile che io abbia mai visto. Il problema è che per la prima volta si è trovato ad affrontare le problematiche relative all'allenamento dell'anziano. Lui mi ha detto: "Ok, io ti alleno, ma a queste condizioni." Ai bordi del campo ci devono sempre essere: 1) un'unità medica mobile di rianimazione, composta da ambulanza, defibrillatore, camera iperbarica, bombole d'ossigeno e clistere; 2) un'équipe esperta in urologia e una fossa biologica perché nelle persone oltre i cinquanta anni la prostata, sottoposta a sforzi violenti, costringe a minzioni continue e imbarazzanti, soprattutto in luoghi aperti; 3) un cane per ciechi ben addestrato perché nei pomeriggi invernali, quando il sole scompare all'orizzonte lasciando che la bruma avviluppi il campo, i contorni delle sagome diventano sempre più incerti, quindi l'anziano che rincorre i palloni perde la strada e si ritrova a vagare da solo verso la campagna dimenticando tutte le coordinate, quindi non saprebbe come tornare indietro verso gli spogliatoi; 4) una massaggiatrice thailandese di ventitré anni con la carnagione ambrata, gli occhi a mandorla e le misure 90-60-90 esperta in massaggi molto profondi soprattutto nella zona inguinale che, mi ha spiegato l'amico

Mingozzi, servirebbe a me, ma soprattutto a lui che sta vivendo un non facile periodo di calo del desiderio.

Con quale criterio una squadra di calcio decide se usare la prima o la seconda maglia?

Di solito le squadre usano questo criterio: meglio usare la seconda maglia pulita che la prima sporca. Oppure: meglio usare la prima maglia pulita che la seconda sporca. Insomma, avrai capito: dipende dal servizio lavanderia. Però la tua domanda è incompleta perché molte squadre hanno anche la terza maglia, che usano nel caso che la prima e la seconda maglia non siano state lavate e questo la dice lunga sul degrado morale delle società, le quali hanno smesso da tempo di lavare i panni sporchi in famiglia e si affidano alle quarte, quinte, seste maglie pur di rimanere immacolate.

C'è un metodo scientifico per prevedere la direzione di un calcio di rigore?

Esistono svariati metodi per prevedere la direzione di un calcio di rigore. Il primo è il "metodo Oliver Kahn", brevettato dall'ex portiere del Bayern, il quale consiste nel calcolare l'angolo di rifrazione della palla rispetto all'asse longitudinale, che si situa tra la linea mediana della porta e il raggio del semicerchio dell'area di rigore fratto P greco più 0,5 di incidenza minima sulla rifrazione solare nei campi che hanno la tribuna un po' più bassa del normale. Secondo Kahn, assegnandosi "X" alla traiettoria di tiro di piede destro e "Y" a quella di piede sinistro, moltiplicando per la rotazione degli occhi che il rigorista effettua per ingannare il portiere a circa 280 gradi con l'occhio destro e a 290 con l'occhio sinistro, con un leggero alzarsi dell'arcata sopraccigliare, dandosi infine "gamma" la velocità del tiro fratto la distanza dalla rincorsa, il risultato è sempre omogeneo. E cioè, comunque vada, tutto sarà discusso alla moviola di Pistocchi col quale Oliver Kahn si è sposato in segreto nel settembre del 1980.

Hai mai segnato un gol su calcio d'angolo?

No, perché in campo ero talmente fermo che mi usavano spesso come bandierina del corner.

Che cosa pensi dei calciatori che si arrabbiano quando vengono sostituiti?

Penso molto male dei calciatori che si arrabbiano quando vengono sostituiti, non soltanto perché la reazione in sé e per sé è da condannare in quanto il calciatore che viene sostituito il più delle volte ha giocato talmente male che non solo avrebbe dovuto essere sostituito prima, ma addirittura espulso dall'Italia e mandato in un paese freddo tipo l'Alaska a smaltire il suo bollore, seduto da solo su una panchetta di ghiaccio davanti a un buco con in mano una canna a pescare il salmone e a meditare sulla pochezza della sua prestazione. Ma la cosa che più disturba è che questi atteggiamenti vengono imitati dai più piccini. Proprio l'altro giorno ho assistito a una partita di giovanissimi tra il Fidenza e il Cortemaggiore. A un certo punto un ragazzino del Fidenza di anni otto è stato richiamato dal suo allenatore, a dieci minuti dalla fine. Ebbene, il piccolo dapprima è uscito senza dare la mano all'allenatore, e invece di sedersi in panchina ha raggiunto gli spogliatoi, ha fatto la doccia, è andato a casa e poi è tornato al campo con Goldrake, Mazinga Zeta e Jeeg Robot d'acciaio, i quali hanno circondato l'allenatore e con le lame rotanti lo hanno ridotto come Giucas Casella quando fa gli esperimenti che non gli riescono. E tutto questo mentre i genitori del piccolo cantavano a squarciagola: "Si trasforma in un razzo missile, con circuiti di mille valvole, tra le stelle sprinta e va... Mangia libri di cibernetica, insalate di matematica, e a giocar su Marte va... Lui respira nell'aria cosmica, è un miracolo di elettronica, ma un cuore umano ha... Ma chi è? Ma chi è? Ufo Robot, Ufo Robot!"

Cosa aspettano Milan e Inter a quotarsi in Borsa?

La risposta è molto semplice. Le due società milanesi attendono dalla Consob lo start up per i warrant ottenuti da blue chips partecipate, in concomitanza con l'emissione in solido di futures e bond, sempre che il 4 per cento del capitale privilegiato venga ratificato dall'azionista di riferimento previa sottoscrizione di capitale packaging esente da Iva. Nel qual caso, anche la riproposizione dell'ipotesi di restyling sarebbe penalizzata dalla debolezza del dollaro per la nota caduta dei mutui subprime e l'annuncio di una joint venture per il meccanismo di uscita Nxp manterrebbe una quotazione disconnessa all'insider trading che potrebbe far gola agli acquirenti tedeschi. Per questi motivi molto semplici l'Inter e il Milan aspettano a quotarsi in Borsa.

Come ha fatto Maradona a dimagrire così tanto?
Con Chilocalo giorno e notte.

Quando è nato il detto "gol sbagliato, gol subìto"?
Il detto in realtà è arrivato nella sua forma definitiva solo pochi anni fa, perché la prima locuzione era: "gol subìto, gol subìto", e si riferisce a un Livorno-Empoli del 1963 in cui il Livorno subì un gol dall'Empoli, e poi subito dopo ne prese un altro. Da questo si passò a "gol sbagliato, gol sbagliato", e si riferisce a un Lanerossi Vicenza-Venezia del 1968, in cui il Venezia sbagliò un gol e subito dopo anche il Lanerossi ne sbagliò uno quasi identico. La locuzione poi assunse la forma di "gol subìto, gol sbagliato", e si riferisce a uno Spal-Reggiana del 1973, quando il centravanti della Reggiana, Michelon, fece il gol alla Spal e la Spal si gettò all'attacco, ma sbagliò il gol del pareggio. Poi il detto subì

la variazione in “gol non sbagliato, gol non subìto”, che fu coniata durante un Messina-Catania del 1979 che finì 0-0 e non ci furono occasioni da gol né da una parte né dall’altra, tanto che la gente alla fine del primo tempo abbandonò lo stadio e cominciò a costruire il Ponte sullo Stretto con le proprie mani. Dopo questo veniamo a “gol subìto, gol non sbagliato”, che si riferisce a un Como-Brescia del 1986 nel quale il Brescia subì un gol e non ne sbagliò un altro. Infine si arriva all’attuale detto “gol sbagliato, gol subìto”, purtroppo io sapevo le origini degli altri ma di questo, te lo dico sinceramente, non lo so. Chiedilo a Mario Sconcerti, magari lui lo sa.

A chi si ispirano i telecronisti di Sky?

Devi sapere, caro lettore, che ogni telecronista di Sky usa dei toni che hanno come riferimento un modello ben preciso che ora andrò a svelare. Fabio Caressa, all’inizio della telecronaca, fa un ispirato preambolo che ricorda molto certe disquisizioni dello zio di Ungaretti dopo che al bar aveva bevuto otto o nove bicchieri e il barista gli diceva che forse era meglio se tornava a casa. Durante la telecronaca, invece, ha il tono di chi sta raccontando lo sbarco su Marte e il modello di riferimento è la famosa telecronaca di Tito Stagno, però con la tensione emotiva delle televendite di Roberto da Crema. La telecronaca di Maurizio Compagnoni è bivalente: mentre la partita ristagna a metà campo, sembra la lezione di un professore di algebra di Rai Nettuno di quelle che vengono trasmesse alle 4 del mattino; quando la palla s'infila in rete, invece Compagnoni è come morso da una tarantola e mi hanno raccontato che se non avesse vicino la seconda voce a tenerlo fermo, dopo ogni gol lui cercherebbe di denudarsi completamente e correre nelle zone antistanti allo stadio coperto solo da un piccolissimo perizoma. Massimo Marianella ha poi un tipo di telecronaca che è ispirata ai fini dicitori dell'Inghilterra tardo vittoriana, in particolare Sir John Walcott, un telecronista di cricket che morì lapidato dai giocatori di cricket che non riuscivano a sopportare la sua voce, cosa che probabilmente accadrà a Marianella non in una partita del campionato italiano ma durante un match di Premiership. Da ultimo mi preme rimarcare il tono pacato, scevro da parolacce, disteso e molto discreto di Ilaria D'Amico, che nei suoi interventi si ispira a Mara Maionchi quando faceva *X Factor*.

Salvatore Bagni è un discepolo di Bruno Pizzul?

Bagni è come Pizzul, ma con una differenza: Pizzul beveva dopo la telecronaca, Bagni prima.

Durante la tua carriera di calciatore hai mai fatto una scappatella dal ritiro estivo?

Certamente. Vi racconto una vicenda che risale agli anni ottanta. Giocavo nel Viadana e l'allenatore scelse per il ritiro estivo New York perché diceva che lì non c'erano le zanzare, ma noi in realtà sapevamo che aveva scelto New York perché era l'amante di Andy Warhol e doveva portargli il giallo e il verde che fanno solo a Viadana per una serigrafia di Luca Giurato. Eravamo alloggiati all'ultimo piano dell'Empire State Building che il mister aveva scelto perché a quel tempo non aveva l'ascensore e avrebbe scoraggiato qualsiasi idea di "fuitina". Durante i primi giorni di ritiro avevo fatto amicizia con una certa Monica Jolie, zia di Angelina, una donna della quale potrei raccontare per ore e ore la finezza d'animo, l'eloquio gradevole e la capacità di analisi, ma della quale preferisco darvi le misure: 92-60-90. Monica, che era stata *playmate* nel numero di luglio di quell'anno, mi aveva dato appuntamento a Central Park dove aveva montato una canadese a due posti per il nostro incontro. Come feci a fuggire? Presi i boxer di Giampiero Galeazzi che ci seguiva come inviato Rai, li attaccai a delle vecchie bretelle di Nicolò Carosio che avevo ricevuto in dono per il compleanno e feci una specie di deltaplano con cui mi lanciai dal grattacielo per raggiungere Central Park. Sfortuna volle che atterrai proprio su Dustin Hoffman che in quel momento stava girando *Il maratoneta*: il vecchio Dustin si incazzò talmente tanto che costrinse la produzione del film a togliere la fiaccola dalla Statua della Libertà e la usò per ore e ore su di me contro natura.

Da bambino, di quale atleta avevi il poster appeso in camera?

Io da bambino ero fanatico di Gianfranco Zigoni del Verona. Ma siccome allora non c'erano i poster lui veniva a casa mia tutte le sere dieci minuti a farsi appendere al mio armadietto finché mi addormentavo e poi tornava a Verona.

Tu chi vorresti come presidente della Federcalcio?

Per la presidenza della Federcalcio ci vorrebbe un individuo di specchiata onestà e correttezza, capace di rispondere alle esigenze di tutte le società, grandi o piccole che siano; un individuo dalle grandi risorse e capacità, che faccia della probità e della lealtà sportiva il suo cavallo di battaglia; un individuo fuori da qualsiasi gioco e interesse, che non abbia paura di pestare i piedi ai potenti per dare risposte positive ai poveri. Quindi l'unico nome che mi viene in mente è Zorro.

Sei d'accordo sul fatto che giocare alle 15 anziché di sera aumenti la sicurezza negli stadi?

Sì, sono assolutamente convinto che giocare alle 15 aumenti la sicurezza negli stadi perché, da studi recenti, è stato scientificamente dimostrato che alle ore 15 tutti si sentono più buoni.

Qual è il peggior insulto che si possa fare a un avversario su un campo di calcio?

Il peggior insulto che si possa fare a un avversario su un campo di calcio è dirgli: "Giochi peggio di Fabio Caressa."

Come ha fatto Alex Ferguson a restare più di vent'anni in panchina al Manchester United?

Per Ferguson hanno usato lo stesso sistema che usarono per Breznev al Cremlino. Ferguson, com'è noto, è morto da quindici anni e viene tenuto in questo stato con massicce iniezioni di una soluzione composta da formalina, vodka, estratti di gulasch e cera lucidante del Mar Baltico.

Perché una sconfitta con largo scarto è definita "cappotto"?

Perché, nel tentativo di non farsi riconoscere all'uscita dallo stadio dai propri tifosi inferociti, i calciatori che hanno subìto una pesante sconfitta si infilano un lungo cappotto, si alzano il bavero e vanno via di nascosto.

Dove hai guardato la finale del Mondiale dell'82?

Sono riuscito a vederla per un pelo sotto il ripetitore di Castelnovo Monti perché il mio televisore era l'unico in Italia che aveva il sistema Secam mentre tutti avevano il Pal e allora io ho cercato il convertitore che commuta Secam in Pal ma non l'ho trovato, così ho convinto mio cugino, che lavora in Radiologia a Fidenza, a caricare il mio televisore con i raggi ultravioletti perché, come si sa, l'ultravioletto può essere convertito tramite l'equazione di Buckner Schultzer in raggio gamma. Una volta che hai il raggio gamma, con il sistema di rifrazione Pascal Laforgue Gutenberg puoi ridurre il raggio gamma alle frequenze di un qualsiasi raggio beta con intersezione Secam. Una volta compiuto questo complesso meccanismo, hai un televisore Secam adattabile col Pal e a quel punto non resta che portare il televisore ai piedi di un grosso ripetitore centrale e in quel modo, anche se tutto il territorio limitrofo nel raggio di cento chilometri rimane senza luce, tu puoi vedere la partita.

Come si fa a diventare steward in uno stadio?

Non è facile diventare steward perché la normativa è molto rigida. Sostanzialmente si tratta di questo: può diventare steward in uno stadio solo il primogenito di padre che sia già stato steward nello stesso stadio e che dimostri che la sua famiglia esercita questa professione da almeno quindici generazioni. Questo crea delle situazioni tristissime, come per esempio il caso della famiglia Rambaldini, che per ben nove generazioni mantenne la qualifica. Poi purtroppo Rambaldini ebbe come primogenita una femmina, tale Flavia, alla quale chiese inutilmente di cambiare sesso. Lei rifiutò perché si era promessa sposa a Francesco

Primo della stirpe dei Coco, che poi la ripudiò per convolare a nozze con l'ex moglie di Dante, Beatrice. Questa decisione fu fonte di numerosi lutti e causò quella che oggi tutti ricordano come la Guerra dei Cento Giorni, che come tu ben sai fu combattuta dalle truppe di Filippo de' Medici contro quelle di Giuliano d'Aquisgrana per impedire l'introduzione nel campionato 1418-19 della classifica avulsa.

Sei fra i pochi che giocano ancora al Totocalcio?

Sì, però il mio commercialista mi ha convinto a giocare un sistema con 14 triple, per cui spendo ogni settimana circa due milioni e settecentomila euro. Considerando che il montepremi per chi fa 14 di solito non supera i cinquecentomila euro e considerato che il mio commercialista vuole i soldi cash, poi dice che pensa a tutto lui, e considerando che il mio commercialista recentemente si è comprato una villa e un'auto di grossa cilindrata, la domanda che mi faccio è: sono io che ho sbagliato commercialista o il Totocalcio non è più remunerativo come una volta?

Da cosa hai capito che le squadre italiane sono ormai disinteressate alla coppa Uefa?

L'ho capito dal fatto che in trasferta vanno tutte in bici.

È vero che gioca meglio chi è sposato?

Sì, chi è sposato gioca molto meglio. Però ci sono delle eccezioni. Prendiamo per esempio il caso di un giocatore che abbia sposato una calciatrice: in quel caso, se gioca meglio lui gioca peggio lei e se gioca meglio lei gioca peggio lui. Invece nel caso in cui il calciatore si separi dalla calciatrice e sposi una giocatrice di pallacanestro, potrebbe darsi che la moglie calciatrice giochi meglio di lui ma che lui giochi peggio della nuova moglie cestista; mentre la cestista, poniamo il caso che sposi un rugbista in seconde nozze, potrebbe giocare peggio di un calciatore sposato in terze nozze. In quel caso, il calciatore che si è sposato in terze nozze, se sposasse una nuotatrice, non avrebbe lo stesso tempo a disposizione che avrebbe se avesse sposato una pallavolista. Comunque credimi: l'importante, giocando a pallone, non è se sei sposato oppure no, ma sapere che dopo l'allenamento c'è sempre qualcuno che te la dà.

Quali materie studiano gli aspiranti allenatori al corso di Coverciano?

Il corso di Coverciano dura un anno e si concentra nello studio di due materie principali: la prima si chiama Storia della paraculaggine, in cui gli allenatori hanno come docente Enrico Varriale che insegna le tecniche di comunicazione per affrontare i dopopartita senza dare fastidio ai presidenti, ai tifosi, agli altri mister, ai giocatori, alle mogli dei giocatori, alle amanti dei giocatori, ai procuratori dei giocatori e agli sponsor dei giocatori. È in questo corso che si insegna l'arte della retorica, esemplificata in frasi come: "La squadra, anche se ha preso dodici gol, ha giocato un ottimo calcio ed è stata punita solo da episodi sfortunati, ma resto fiducioso anche perché, nonostante i dodici gol, la difesa mi ha soddisfatto in tutto e per tutto, basti dire che gli avversari hanno tirato in porta solo dodici volte." La seconda materia riguarda le tecniche di galleggiamento dopo un esonero, docenti Zamparini e Guidolin, che insegnano a non affogare dopo essere stati esonerati più volte nel corso della stessa annata. Tra le dispense più significative: *Etica dei passaggi a Sky Calcio Show con Ilaria D'Amico*, grazie alla quale l'allenatore impara ad annuire a tutte le considerazioni di Mario Sconcerti e a ridere in modo spontaneo alle battute di Massimo Mauro senza lasciar trasparire la sua considerazione dei due, assolutamente digiuni di qualsiasi nozione calcistica.

Tu lo capisci Lotito quando parla?

Certo: lo capisco perfettamente, ma solo perché ho la fortuna di poter convocare, ogni volta che Lotito appare in TV e ne dice una delle sue, mio nonno Tullo Ostilio Gnocchi, che è stato senatore ai tempi di Catilina, il quale l'aveva nominato avendolo scambiato per un cavallo. Mio nonno Tullo Ostilio non solo conosce l'esatto significato della frase latina *Hic stantibus rebus* (e cioè: "Pagare e morire c'è sempre tempo") ma è in grado, ogni volta che appare Lotito, di farmi capire che quello che sta dicendo non ha alcun senso.

Sei favorevole ai ritiri aperti alle mogli?

Sono favorevole ai ritiri aperti alle mogli perché il calciatore, soprattutto giovane, una volta che si sposa lo fa per sempre e quindi la vicinanza della consorte gli è d'aiuto in tutti i momenti difficili, non tanto dal punto di vista sessuale, quanto dal punto di vista spirituale dello scambio e della condivisione dei valori comuni che sono alla base della struttura della famiglia e che sono troppo spesso minati da modelli e stili di vita non in sintonia con questa prospettiva (*N.d.R.*: la risposta l'ho scritta sotto dettatura di Monsignor Camillo Ruini).

Gli arbitri possono essere daltonici?

Certo, gli arbitri non solo possono, ma fino all'anno scorso dovevano essere daltonici. Per diventare arbitro era infatti sufficiente riconoscere il colore bianco e il colore nero.

Anche tu hai qualche tatuaggio strano come i calciatori?

Io ho un unico tatuaggio, che mi copre interamente la schiena, fatto coi trasferelli. È una frase che accompagna tutta la mia vita ed è ciò che mi sono sentito sempre dire qualunque cosa io facessi, qualunque attività io svolgessi. La frase che ho tatuata sulla schiena è: “Bravo, ma basta.”

Hai anche tu una scaramanzia per le gare degli azzurri?

Sì, anch’io ho un rito scaramantico per le gare degli azzurri. Un’ora prima che inizi la partita, chiudo mia suocera in garage, collegando il tubo di scappamento all’interno del veicolo, con lei dentro. Almeno questo è quello che ho detto alla polizia, che non la smette di farmi domande sul misterioso decesso di mia suocera.

Hai mai dato una testata a qualcuno in una partita come Zidane a Materazzi al Mondiale 2006?

Sì, è successo durante un Guastalla-Suzzara, al 20’ del secondo tempo, dopo aver tentato un tunnel su un mio diretto avversario, tale Quarantani Amos. Avevo aperto la palla sulla destra al mio compagno Marabini per il cross. Mentre aspettavo il traversone, Quarantani mi si avvicinò e mi disse: “Ho saputo che tua sorella non sa cosa significa premieriato forte nel sistema maggioritario con sbarramento al 5 per cento.” Io, calmissimo, gli ho risposto: “Come lo hai saputo?” “Me lo ha detto Salvo Sottile che la conosce bene.” A questo punto non ci ho visto più e, per salvare l’onorabilità di Salvo Sottile, gli ho tirato una craniata sullo sterno che gli ha provocato un arresto cardiaco. Per cui, oltre il danno (squalifica per venti giornate), anche la beffa: ho dovuto praticargli la respirazione bocca a bocca. Siccome da cosa nasce cosa, adesso il Quarantani vive come me, con lo pseudonimo di Zelda la Rossa.

Quando conviene battere un rigore a cucchiaio?

Il rigore a cucchiaio conviene quasi sempre, ma l'ideale è batterlo in questo modo soprattutto se avete un parente sofferente di cuore, che ha già intestato i suoi possedimenti terrieri a voi e anche tutti i conti correnti e gli basta un piccolo sommovimento dell'apparato cardiaco per farlo dipartire. Quindi, in una finale mondiale metterete il vostro parente davanti alla televisione e avrete cura di battere l'ultimo dei cinque rigori che decidono il titolo. Non c'è alcun dubbio, a questo punto il vostro avo schiatterà e voi avrete la sicurezza economica per tutto il resto della vostra vita. Comunque, venendo a cose meno marginali, il rigore a cucchiaio è conveniente perché il portiere non può pensare che uno sia così cretino da tirare un rigore a cucchiaio nella finale mondiale all'ultimo rigore. Perché, se in quel momento lì al portiere gli viene in mente che voi potete tirare a cucchiaio, diventate automaticamente il calciatore più cretino che esiste al mondo mentre, se gli fate gol, siete il genio assoluto del calcio e sulla vostra tomba potete far scrivere "Tirò il cucchiaio". Per amore del vero, sono anni che giro per cimiteri per vedere se c'è una lapide su cui c'è scritto "Tirò il cucchiaio" ma non ne ho ancora trovate.

Tu hai mai fatto ricorso al Tar?

Ho fatto ricorso al Tar del Lazio due volte. La prima, tanti anni fa, perché mia nonna non era stata ammessa al corso allenatori di Coverciano in quanto risultava iscritta all'albo dei preparatori dei portieri, avendo allenato Oliver Kahn al Bayern. Poi ho raggiunto un accordo con la Figc e ho convinto mia nonna a cambiare sesso e a farsi chiamare Bearzot. Ebbene, ha vinto un Mondiale... La seconda volta ho fatto ricorso al Tar del Lazio contro "La Settimana Enigmistica" perché in un cruciverba ha usato il mio cognome Gnocchi come 7 orizzontale, senza chiedere l'autorizzazione preventiva al SACC (Sindacato Attori con Cognomi del Cavolo).

Da dove viene il nome Coppa Intertoto?

Il nome Coppa Intertoto nasce dall'idea di organizzare un torneo internazionale intitolato a Totò. Infatti all'inizio si chiamava Coppa Intertotò. Poi Peppino per invidia tolse l'accento e adesso Blatter sta cercando in tutti i modi di riproporre il torneo col nome Coppa Malafemmena.

Quando giocavi nel Fidenza sei mai stato intercettato?

Non sono mai stato intercettato perché per truccare le partite usavo un sistema molto semplice. Se la mia squadra doveva perdere, colui che voleva vincere la partita doveva venire direttamente a casa mia travestito da Amedeo Minghi che mi proponeva l'inno della Cisco Roma; io avrei fatto finta di cacciarlo e poi l'avrei fatto entrare dal retro. Una volta in casa avrei ascoltato con attenzione i suoi desiderata, ma il metodo per perdere la partita era questo: nelle gare in trasferta io mi mettevo seduto vicino all'autista del pullman e lo tranquillizzavo dicendogli di conoscere benissimo la strada. Per dire: una volta partimmo la mattina per una trasferta a San Benedetto Po vicino a Mantova e invece ci ritrovammo quattro giorni dopo a San Benedetto del Tronto, per cui perdemmo a tavolino.

Sono aumentati i cartellini: chi è diventato più cattivo, i calciatori o gli arbitri?

Questa è una risposta che ti posso dare solo perché sono reduce da un convegno di una settimana organizzato alle terme di Montecatini che aveva proprio come tema: "Quest'anno sono aumentati i cartellini: chi è diventato più cattivo, i calciatori o gli arbitri?" Perciò la domanda non è mai capitata così a fagiolo. La relazione introduttiva, tenuta dall'esimio psicologo del calcio Leone Di Lernia, ha evidenziato come questo sia il campionato con il più alto tasso di cattiveria dalla stagione 1914-1915, quella in cui giocatori e arbitri furono più cattivi perché sapevano che dopo sarebbero dovuti partire per la guerra. Alla fine dei lavori si è giunti alla conclusione che sono diventati più cattivi gli arbitri, perché quando tornano a casa non trovano mai pronto da mangiare.

Sei favorevole o contrario all'idea di abolire i ritiri?

Io sono assolutamente contrario all'idea di abolire i ritiri per una ragione molto semplice. Chi scalderebbe il cuore, chi sopirebbe i sensi, chi appagherebbe il desiderio, chi lenirebbe la febbre che fa ardere di piacere le giovani membra di tante consorti di calciatori il venerdì e il sabato sera? Oggi che esistono i ritiri, questo lavoro lo fa il sottoscritto, mio caro! Che tra il venerdì e il sabato (in metropolitana, o con l'auto propria), saltabeccando da un appartamento all'altro, da una magione a un maniero, placa queste giovani voglie inappagate. E ti assicuro che m'è dolce tornare nella notte con il dono di una rosa tra i capelli e un bacio stampigliato sulle gote quando la stanchezza mi prende al mattino e saluto il metronotte, che dal mio sorriso ha già capito tutto e ricambia il saluto con un complice gesto d'intesa. Solo che lui non sa che anche sua moglie è caduta nella rete...

Che cosa pensi della classifica avulsa?

Della classifica avulsa ho sempre pensato tutto il bene possibile anche in tempi non sospetti, ovvero quando tutti si scagliavano contro la classifica avulsa con i pretesti più puerili: c'era chi diceva che la classifica avulsa fosse diseducativa perché insegna ai giovani a estraniarsi dal contesto sociale e li conduce sulla via della perdizione; c'era chi diceva che la classifica avulsa fosse dannosa per le minoranze etniche perché induce a ritenere che quando non sai più cosa fare puoi sempre attaccarti alla classifica avulsa; e c'era chi sosteneva addirittura che la classifica avulsa fosse il segno della degenerazione di un paese, come dimostra il fatto che Bush, per attaccare l'Iraq, si sia appellato al fatto che là c'è ancora la classifica avulsa. Io ritengo invece che... avercela la classifica avulsa! In diversi episodi sono infatti stato graziato da questo meccanismo: all'esame di Diritto costituzionale, per esempio, avevo preso 16, ma proprio in virtù della classifica avulsa riuscii a sfangare un 18 e a laurearmi.

Ti ha sorpreso il ritorno di Bruno Pizzul?

Sì, mi ha molto sorpreso perché pensavo che il vecchio Brunone fosse morto durante i bombardamenti di Norimberga, mentre stava commentando per l'Eiar Norimberga-Schalke 04, il primo tentativo di trasmettere la Bundesliga a colori. Tra l'altro io stesso ho partecipato più volte ai funerali di Pizzul e devo dire che le prime undici volte ho anche pianto. Poi ho scoperto il suo segreto; lui va all'anagrafe e finge di essere morto: "Sono Bruno Pizzul, sono serenamente spirato stamattina alle 10.45." Così può incassare il premio di una vecchia polizza vita che la Rai ha stipulato a suo favore. Inoltre, in questo modo La7 può non pagargli i contributi.

Puoi spiegarmi cos'è la sentenza Bosman?

La sentenza Bosman prende il nome dal giocatore che l'ha ispirata: Vincenzo Scifo. È una sentenza che consta di 315 articoli, ognuno dei quali smentisce l'articolo precedente. Comunque, in sostanza, con la sentenza Bosman il calciatore può essere assunto da qualunque squadra in Europa purché non di basket. Purtroppo, la "Bosman" ha creato effetti secondari devastanti: molti calciatori, approfittando dell'assoluta libertà di circolazione, hanno messo su piccole attività di contrabbando. Noto è il caso di Zamboni della Reggina, che contrabbanda televisori al plasma svedesi che gli ha procurato Kenneth Andersson con un giro tutto suo gestito, pare, dalla famosa mafia svedese. Ancora più clamorosa è la vicenda che ha visto protagonista Alvaro Recoba, il quale, col contributo di Benny Carbone e di Carlo Cudicini del Chelsea, ha creato un import-export di finte orecchie di Carlo d'Inghilterra, perfette per oscurare il guidatore nel caso si venga beccati dal Multavelox. Per concludere: sulla sentenza Bosman se ne sono dette tante, ma l'unica cosa certa è che senza la sentenza Bosman Magdi Allam sarebbe ancora a "la Repubblica".

Che fine ha fatto il cobra Darko Pančev?

Dopo la sua esperienza all'Inter, Pančev ha conosciuto alti e bassi (pochissimi gli alti). Per un breve periodo ha gestito la scuola calcio "Egidio Calloni" di Skopje, che insegnava a sbagliare i gol apposta, allo scopo di fare inferocire le tifoserie e creare malcontento nella nazione, al fine di preparare il terreno all'avvento di un nuovo sistema politico. Successivamente ha aperto un centro dimagrimento rapido che per via del cognome non ha avuto questo gran successo. Più recentemente Pančev ha lavorato come controfigura di Ramón Díaz nel film *Agli eredi di Pontello piace sempre fare quello*. Oggi il cobra Darko Pančev è stato assunto da Donatella Rettore come ritornello della canzone *Il cobra non è un serpente* e qualche volta accompagna la nota cantante nelle balere dell'Alto Polesine.

Perché si parla così poco di Subbuteo?

Non sono d'accordo. Di Subbuteo si parla tanto ma mai a sufficienza. È uno di quegli sport che più ne parli più ne parleresti, ma purtroppo gli impegni di giornata, il lavoro, la famiglia, le piccole consuetudini quotidiane, portano in altre direzioni, per cui resta quasi nullo il tempo per parlare del Subbuteo. Finisce così che di Subbuteo ne parlano solo i due che lo giocano perché solo loro riescono a vedere la partita. Il Subbuteo, inoltre, è uno sport poco televisivo: hanno tentato di riprenderlo dall'alto, ma i giocatori sembravano due che spazzavano le briciole dal tavolo. Con la crisi economica, tra l'altro, i panni verdi del Subbuteo sono sempre più usati per farci dei cappottini che consentano ai figli di superare questo rigidissimo inverno. Sul futuro del Subbuteo, insomma, non c'è chiarezza, anche perché il presidente della Federsubbuteo è scappato a Santo Domingo con una guardalinee di Serie C1 e non ha lasciato detto niente. Infine, il motto attribuito al Duce ("Finché c'è vita c'è Subbuteo") sarebbe un clamoroso falso.

Perché i giocatori del Bologna si chiamano felsinei?

Si chiamano felsinei perché non è stato possibile, per ovvie ragioni, chiamarli né alabardati né orobici. I Radicali hanno perciò indetto un referendum popolare sulla procreazione felsinea, e siccome il quorum è stato raggiunto soltanto a Bologna, si è deciso che quelli del Bologna si sarebbero chiamati felsinei. A non tutti i giocatori del Bologna, però, piace questa definizione: qualcuno ha chiesto e ottenuto di essere chiamato labronico.

Nel calcio si parla spesso di squadra corta, cosa vuol dire?

Squadra corta significa squadra compatta. Il primo a teorizzarla fu Zdeněk Zeman, che per tenere corto il suo Foggia aveva fatto costruire dalle industrie Assunta e Calogero Sportswear un'unica enorme maglia rossonera che conteneva tutti gli undici vivaci satanelli. I russi Shalimov e Kolyvanov, convinti sostenitori del gioco corto, ricordano che l'esperienza finì quando Beppe Signori, forse a causa di una partita avariata di cozze, rese l'aria sotto il maglione irrespirabile. Più recentemente un teorico del gioco corto è stato Franco Grillini dell'Arcigay, il cui modulo detto "A trenino" è stato adottato dall'Ac Babilonia, con scarsi risultati sportivi ma con un diffuso senso di benessere tra i giocatori.

Cosa pensi della supermoviola di Biscardi?

In tutta onestà penso che la supermoviola, dopo la penicillina, il siero antivipera, la filodiffusione, il botox, le firme false, l'intercooler, l'abs, il Pci, il Pds e la granella del Buondì, sia una delle invenzioni del secolo, che peraltro è cominciato soltanto pochi anni fa. Io ne ho ordinata una all'Euronics e mi è arrivata giovedì: costa 25.000 euro, ma con un sovrapprezzo di appena 75.000 ti forniscono anche il moviolista, con il necessario per vestirlo (dodici paia di mutande, un gessato per l'inverno e un misto lino o fresco lana per l'estate) oltre agli optional, cioè le calze in tinta, la faccia da paraculo e la frase "le immagini parlano da sole". Con la supermoviola la mia vita familiare scorre felice. Tutte le mattine ci troviamo davanti a una tazza di caffelatte e rivediamo la giornata precedente alla supermoviola, talvolta insieme a Baldas, Melli, Corno e Crudeli. La supermoviola ha le stesse caratteristiche della moviola, ma in più è super: riesce a volare sulla città salvando grandi e piccini dalle ingiustizie arbitrali. La supermoviola è portata a spalla dal supermoviolista, che riconosci perché ha una grossa "S" tatuata davanti ed è sempre impegnato a contrastare il grande nemico della supermoviola, Cararrix, l'orribile mostro metà uomo e metà sopracciglia, che vola attaccato a una poltrona emettendo il suo caratteristico verso: "Non mi dimetto."

Nel calcio da alcuni anni c'è il team manager, a che cosa serve?

Il team manager è colui che di solito sta in panchina e si fa espellere al posto dell'allenatore. Durante la settimana si occupa dei rapporti con la squadra ed evita che la squadra abbia troppi di quei rapporti che poi incidono sul rendimento domenicale. Nel caso del Milan, il team manager si chiama in realtà Tim manager, perché a lui è affidato il compito, attraverso un cellulare della Tim, di ricevere gli ordini del presidente Berlusconi e di comunicarli in tempo reale all'allenatore prima che questo combini disastri.

Che cosa pensi del chip anti gol fantasma?

Penso che sia una soluzione molto utile, a patto che si rispettino le misure canoniche del pallone. Ricordo infatti che, agli albori, il primo chip venne inserito all'esterno del pallone e consisteva in un congegno di piombo fuso della misura di quattro metri, simile all'anello di Saturno, che va là che lo vedevi se era dentro o no! Purtroppo però questa soluzione fu presto abbandonata perché la Nasa si rifiutava di eseguire la manutenzione e perché quasi tutti i calciatori si astenevano dal colpire di testa siffatto pallone, tolto Romeo Benetti, che una volta provò a incornare un cross di Rivera da due passi, e deve ancora riprendersi. Oggi il chip è così piccolo che si può inserire nel pallone a sua insaputa. Un uso distorto, a mio parere, del chip è quello proposto dall'AMAI, Associazione Mogli Arbitri Italiani, che insiste per inserire un chip sottocutaneo ai loro mariti, così sanno sempre dove sono, e la domenica scorre via serena.

Perché non si dice più "risultato a occhiali"?

Perché è desueto. Oggi, grazie all'uso sempre più frequente delle lenti a contatto, nelle discussioni nei bar si sente sempre più spesso dire "risultato lenti a contatto", oppure, non di rado, "risultato c'è un mio cugino che ha provato con il laser ed è rimasto contento".

Da dove deriva il nome Subbuteo?

Pare che il termine Subbuteo derivi dal latino e sia composto dal prefisso "sub" e dal verbo "bùtere". "Sub" significa "sotto sotto", mentre "bùtere" significa "dev'esserci qualcosa che nell'infanzia è andato storto". Questo perché con ogni evidenza colui che pratica il Subbuteo deve aver patito, nell'infanzia o nell'adolescenza, accadimenti che ne hanno irrimediabilmente segnato la psiche. Psiche che, tra l'altro, deriva dal greco Crepet, che significa "sono diventato così perché ho giocato troppo a Subbuteo". Secondo altre fonti, il Subbuteo deriverebbe invece dal nome del suo inventore: Gino Playstation.

Sei favorevole alle partite a porte chiuse?

No, perché dopo un po' l'aria risulta viziata.

Qual è la maglia più curiosa del campionato di calcio?

È sicuramente quella del quarto uomo Girolimetto, il quale sulla schiena ha scritto le tariffe-base per poter iniziare una trattativa seria su come indirizzare l'esito del match. Girolimetto è l'unico che sulla lavagnetta invece dei minuti di recupero scrive: "Vince la squadra che ha offerto di più." Tra le squadre di calcio, la maglia più curiosa è senz'altro quella dell'Aston Villa, che è azzurra quando c'è bel tempo e rossa quando non si può fare il bagno.

Perché i Cosmos non sono mai diventati una grande squadra?

Perché hanno preso sempre giocatori a fine carriera. Neeskens, ad esempio, non andò lui ma mandò suo nonno Jepkin Neeskens, che all'epoca aveva ottantaquattro anni ben portati, che però durante la prima partita si ruppe il femore soltanto ascoltando il suo nome all'altoparlante. Lo stesso Pelé aveva chiesto e ottenuto un contratto che gli garantiva massaggiatore personale, dietologo personale, insegnante di lingua personale, amante della moglie personale, amante dell'amante della moglie personale, istruttore di bowling personale, autista personale, traduttore personale, insegnante di ballo personale, cuoco personale, compagno di freeclimbing personale, e con tutte queste attività non gli rimaneva nemmeno un minuto per scendere in campo. Ma forse la vera causa del rapido declino dei Cosmos fu Giorgione Chinaglia, che incise il disco *Football Crazy* e lo fece diffondere nello stadio dei Cosmos proprio l'unico giorno del '78 in cui l'impianto si era riempito miracolosamente di pubblico. Da allora alla sola parola Cosmos i newyorkesi scoppiano in lacrime. Una curiosità: per la prossima stagione Jepkin Neeskens è stato opzionato dal presidente Moratti, consigliato da Gino Strada.

Cosa pensi delle radiocronache di Livio Forma?

Le radiocronache di Livio Forma sono, come il *De Rerum Natura* di Lucrezio, il *De Bello Gallico* di Cesare, le *Historiae* di Tacito e il dvd delle commedie di Gilberto Govi, tra i grandi classici della drammaturgia contemporanea. Conscio di questa credibilità, Forma si è leggermente montato la testa, si è iscritto alla Siae, ha depositato tutte le sue radiocronache in notturna del campionato e dei quarti di finale della Champions, e si sta industriando per farle rappresentare al Piccolo di Milano con la regia di Giorgio Strehler e il titolo *C'è del marcio nel campo per destinazione?* e il sottotitolo *Per coloro i quali si mettessero in questo momento davanti ai diffusori*. Per questo tutte le mattine si presenta sotto casa di Strehler e chiede di essere ricevuto. Per ora nessuno ha osato dirgli che Strehler è spirato da tempo. Dunque il teatro italiano dovrebbe scamparla ancora per un po'.

Zamparini ha mai fatto silenzio stampa?

Sì. La prima volta quando era presidente del Venezia, per protestare contro la Guardia di Finanza che gli aveva mandato un'ispezione all'Emmelunga per via di certe cucine componibili che nessuno riusciva a comporre. E un'altra volta contro un gondoliere che durante il tragitto l'aveva invitato a scendere, avendolo ritenuto responsabile della retrocessione del Botafogo nel '61. Da quando è a Palermo, invece, Zamparini non è mai in silenzio stampa, ma spesso si avvale della facoltà di non rispondere.

Perché in Coppa Italia i gol in trasferta valgono doppio?

La norma che introduce il doppio valore dei gol in trasferta fu introdotta da Galeazzo Ciano nel 1938. In quel periodo infatti la Atletico Duce si trovava nella spiacevole condizione di dover rimontare sei gol alla Virtus Gramsci, nel match di ritorno della coppa Memorial Claretta Petacci. La partita si giocava sul campo dell'Atletico Gramsci, che era in confino a Ventotene, e fu scelto un arbitro tedesco neutrale: Goebbels. Il match si trascinò sullo 0-0 fino al novantesimo, quando il nonno di Paolo Di Canio, grazie a un rigore attribuito da Goebbels per un fallo a centrocampo, portò in vantaggio l'Atletico Duce. Proprio in quel momento Galeazzo Ciano promulgò un decreto che attribuì al gol in trasferta valore settuplo, assegnando di fatto il trofeo alla squadra ospite. Come molti ricorderanno, al referendum tra repubblica e monarchia del 1946 fu abbinato anche quello sulla riforma del decreto Ciano sui gol in trasferta: e da quel giorno i gol segnati in trasferta valgono soltanto il doppio.

Che corsi bisogna fare per diventare procuratore di giocatori?

Corsi nessuno, ma aiuta se non si è fatta la quinta elementare. Il procuratore, infatti, non si forma sui banchi, ma sul campo. Giorno per giorno. A contatto con l'assistito. Come dimostra il caso del primo grande procuratore, Antonio Caliendo, che tutti i giorni, prima di diventare l'agente di Baggio, passava davanti alla sua finestra e gli tirava un sasso attorno al quale aveva accartocciato un foglio con scritto: "Dài, Roby, fammi fare il tuo procuratore." Da allora, la figura del procuratore si è evoluta. Oggi gestisce tutti gli affari professionali, e non, del calciatore, prova ne sia che al procuratore di Totti, suo fratello, per depistare il noto polverone, è toccato mettere su una storia con la sorella di Flavia Vento. Mentre l'altro fratello di Totti sposerà la sorella di Ilary Blasi: Andrea. Oggi, insomma, il procuratore è diventato una star. E per capire quanto vale un giocatore spesso è utile vedere chi lo rappresenta. È per questo che Pellissier del Chievo non è considerato, perché il suo procuratore è l'avvocato Pandiscia, mentre i gemelli Rigoni hanno i due notai gemelli della Rai. Una curiosità: molti procuratori sono ex assessori del Psi. Infatti chiedono sempre il dieci per cento.

Perché si dice "sabbie mobili del fondo classifica"?

Alla formula "sabbie mobili del fondo classifica" si è arrivati un po' per esclusione. Inizialmente si parlava infatti di "pianura lussureggiante del fondo classifica". Poi si è passati a definire quella zona come "quel ramo del Lago di Como del fondo classifica", quindi "la savana inesplorata e perigliosa del fondo classifica", "lo sterrato pantanoso del fondo classifica", "la banchina cedevole del fondo classifica", "la Jacuzzi scassata del fondo classifica", "la pampa melmosa del fondo classifica", "il tavoliere delle Puglie riarso dal sole del fondo classifica", eccetera. A inventare la definizione "sabbie mobili del fondo classifica" fu l'ex allenatore del Napoli Albertino Bigon, che ne fu inghiottito e da allora non s'è più visto. Una curiosità: tutte le altre definizioni, quelle scartate, furono invece proposte da Gianmaria Gazzaniga, detto anche "il Brera dei benestanti", che poi ripiegò sul "partito dei mandolinari del fondo classifica".

Com'era il calciomercato quando giocavi tu? Sei mai andato alle buste?

Io ho sempre giocato a livello dilettanti e quindi era tutto un po' in tono minore. Per esempio, la sede del calciomercato non era né il Gallia né il Quark Hotel, ma la Nave del Sole di Casadei, che costeggiava il Po da Cremona a Poggio Rusco. Talvolta, per depistare la stampa locale, ci si buttava in un affluente sconosciuto che arrivava fino a

Novara. Non sono mai andato alle buste, comunque. Non in senso stretto. Questo perché nel calciomercato dilettanti i pagamenti non avvenivano in denaro, ma in natura. Quindi, invece che alle buste, si andava alle "sportine della Coop". Ricordo, per esempio, il celebre trasferimento dei gemelli Filipponi dal Guastalla al Novellara: il presidente del Novellara, Uris Menga, cercò di far stare nella busta della Coop quindici maiali, ventisei meloni e tredici chili di datteri. Come forse ricorderai, la Covisoc dei campionati dilettanti, in una tumultuosa seduta svoltasi nel retrobottega della salumeria "Da Gino, il vero culatello tradizionale" a Zibello, annullò il trasferimento per via che a Gino non piacevano i datteri. Io stesso, quando giocavo al Novellara, fui incantato dalla moglie del Menga, Tania Ovindoli, la quale mi fece capire con una certa insistenza che era disponibile a svincolarsi. Ma questa è un'altra storia.

Perché nel calcio è vietato chiamare la palla?

Perché tanto quella non risponde.

Quando giocavi c'erano le amichevoli di agosto?

Sì, ma c'era solo un'amichevole che si disputava il 15 agosto allo stadio comunale di Pomponesco, dove hanno pure giocato la partita del *Don Camillo* di Terence Hill, con il commento di Bruno Longhi. Essendo l'unico evento dell'estate, gli sponsor si accanivano: per questo si chiamava “Trofeo Birra Moretti Tim Adidas Toyota Nike Coca-Cola Light Grigio Perla Chinò Acqua Pejo Autoricambi Savazzi Panetteria f.lli Segala Condizionatori Mirco con la grande proposta per l’estate: acquista subito 9 condizionatori e ne paghi solo 8”. Il trofeo non si disputa più perché il Po ha allagato il campo.

Quando è utile la prova TV nel calcio?

È sempre più importante, tant’è vero che Mediaset ha chiesto ai giocatori di agevolare le riprese con dei piccoli accorgimenti, il primo dei quali è l’assunzione obbligatoria per tutti i giocatori nell’imminenza della partita di pasta coi broccoli, di modo che durante l’incontro eventuali secrezioni salivari indirizzate all’avversario assumano un ben visibile colore verde che faciliterà enormemente le decisioni del giudice sportivo. In ogni caso, trovo che la prova TV sia molto più efficace della prova radio.

Cosa pensi di Stefano Bizzotto? Perché non segue più la Nazionale maggiore?

Di Stefano Bizzotto non posso pensare bene perché anni fa ho acquistato da lui una Bmw d’importazione, ma ho poi scoperto che si trattava di una vecchia moto Gilera che lui aveva carenato a Bmw assieme a Carlo Paris, con della plastilina. Professionalmente, comunque, ritengo Bizzotto uno tra i migliori cronisti che si chiamano Bizzotto in Italia. La sua conoscenza del calcio mitteleuropeo è assolutamente stupefacente, tanto che recentemente è stato visto uscire da un night vestito con un completo tirolese in lamé mano nella mano con Toni Polster. Si deve inoltre a Stefano Bizzotto il famoso detto: "Si lavora e si fatiga per il pane e la Bundesliga." Per venire alla tua domanda: Bizzotto è stato fatto fuori dalla Nazionale perché pretendeva che prima della partita gli azzurri cantassero l'inno di Mameli a mo' di jodel.

Ti piacciono gli inni delle squadre di calcio?

Gli inni delle squadre mi piacciono talmente tanto che li ho tutti. Mi faccio mandare da Sky le basi di tutti gli inni delle squadre italiane e la sera con gli amici facciamo il karaoke cantando tutti gli inni dalla C2 girone B alla Serie A. Certe sere che siamo in vena prima ci facciamo mandare le versioni remixate, poi ci rechiamo tutti in discoteca, quindi le passiamo al deejay perché le suoni a palla. Quasi subito però arriva uno che ci fa capire che non siamo graditi e ci caccia fuori a pedate. Di solito è un buttafuori della Salernitana. Inoltre, ho anche scritto personalmente degli inni. Tra cui quello dell'Ascoli che fa pressappoco così: "Ascoli mia, Ascoli mia, per piccina che tu sia tu mi sembri Macerata. Quando entrate col pallon, voi rombanti giocator, mi sembrate dei leon, ma c'è caso che mi sbagli." Un altro che ho composto è quello della Pro Patria, il cui testo è: "Pro, Pro, Pro, Pro, Pro." Il vantaggio è che questo inno può essere eseguito anche in assenza di strumenti. Mio è anche il celeberrimo "Cremapergo, Cremapergo, benché il fallo sia da tergo, mi rialzo e il mondo trema perché canto Pergocrema." Attualmente sto scrivendo l'inno della Turris, ma finora ho scritto solo Turris, perché sto aspettando un'expertise di un mio amico dell'Accademia della Crusca che ha un suo cugino che sostiene di conoscere due parole che fanno rima con Turris.

Che fine ha fatto Vampeta?

Marcos André Batista dos Santos, detto per comodità Marcos André Batista dos Santos Carvalho Lopez de la Vega do Nascimento Ulrico del Fuente Gonzalo Marinho Ipanema de Mouta Suerte, soprannominato in Brasile "Vampeta" e in Italia "la Mega Pippa", è stato uno dei grandi affari dell'era Moratti insieme a Sorondo, Karagounis, Macellari, Pistone e una macchina fotografica comprata a centomila euro nel parcheggio dell'area di servizio di Bevano Est, rivelatasi poi una di quelle macchine fotografiche con dentro le cartoline di Venezia. Vampeta non si inserì nella squadra perché era talmente lento che al 20' del primo tempo di un Inter-Bologna Marcello Lippi gli disse di andare a tirare un corner, e lui arrivò alla bandierina giusto in tempo per il match Inter-Borussia del mercoledì di coppa successivo. Vampeta è ricordato anche come protagonista di un calendario nudo per il mensile gay brasiliano "Marcadura a Omo", che andò a ruba tra tutti i suoi ex allenatori: non vedevano l'ora di attaccarlo a un muro. Oggi Vampeta ha aperto un bar nella natia Nazaré das Farinhas e furoreggia nelle notti brasiliane servendo a tutti il cocktail della casa, chiamato "El Boccalon Massimo".

Sono un grande appassionato di calcio balilla: tu cosa ne pensi?

Anch'io sono un grande appassionato di calcio balilla, tanto che l'ho praticato per alcuni anni come secondo omino da destra del bastone di centrocampo. Smisi precocemente perché, come forse avrai notato, la pallina del calcio balilla è di materiale durissimo ed è grande circa tre volte la testa dei calciatori. Dunque, quando ti sbatte contro, non è poi questo gran divertimento. Il vantaggio del calcio balilla è che, una volta che ti hanno infilato l'asta tra le scapole, difficilmente vieni sostituito. Inoltre, è pressoché impossibile commettere falli di mano. Una volta smesso con il calcio balilla giocato, ho messo su un'aziendina che produce porte per calcio balilla. La casa madre fabbrica la struttura portante. A quel punto arriviamo noi con una sega circolare a compressione multipla e nel giro di pochi giorni siamo in grado di dotare il calcio balilla delle apposite cavità che lo rendono così entusiasmante. Un mio cugino di Castelnovo ne' Monti, infine, si occupa di collegare alle porte i caratteristici tubi che permettono alla pallina, una volta entrata in porta, di perdersi per sempre. Ha detto del calcio balilla Alessandra Mussolini: "Apprezzo in particolar modo la seconda parte del nome."

Tu hai giocato a calcio: qual è l'insulto peggiore che hai ricevuto?

Giocando a calcio, di insulti ne ho ricevuti davvero tanti: moviola, pirla, francolauro, pierpaolocattozzi, nonpuoigiocarenonhailettoleistruzioni, stronzo, pierluigidiaco, colucci e molti altri ancora. Ma l'insulto che mi ha veramente ferito, più di ogni altro, risale a un Guastalla-Noceto del 25 novembre 1978 quando, dopo aver sbagliato un gol fatto, un tifoso al massimo dell'ira si scagliò contro la rete di recinzione, la scalò e, giunto al culmine, mi urlò con tutto il fiato che aveva in gola: "Sei proprio uno sciocco!"

Gli arbitri di calcio hanno sempre avuto il fischietto?

Naturalmente no, perché il fischietto è invenzione relativamente recente e si deve a Guido Pancaldi e Gennaro Olivieri, che nello stesso momento scoprirono il fischietto, il fil rouge e che Lignano Sabbiadoro giocava il jolly. Ai primordi del calcio era previsto che ogni arbitro avesse appollaiato sulla spalla una particolare specie di crotalo (il Serpens barbaresco di Cormons), che emette un acuto sibilo molto simile a quello del fischietto. Purtroppo, però, l'animale, forse perché sprovvisto di arti inferiori, non aveva i 90 minuti nelle gambe. Fu quindi usato un metodo più pratico, cioè legare al collo dell'arbitro un bollitore che, una volta raggiunta una temperatura superiore ai 100 gradi centigradi, produceva il caratteristico fischione (che poi nell'accezione popolare fidentina prese tutt'altro significato). Questa tecnica fu abbandonata perché non si riusciva a ottenere il triplice fischio di chiusura e le partite duravano mediamente dalle quattordici alle quindici settimane. Curiosamente, questo è il metodo che si usa ancora oggi nel cricket. Avvicinandoci ai giorni nostri, i lettori più attempati ricorderanno certamente il periodo immediatamente precedente all'introduzione del fischietto, quando gli arbitri per dirigere la partita utilizzavano un flauto dolce. Il flauto fu abbandonato nel primo dopoguerra perché a furia di sentire quello là che fischiava col flauto, i guardalinee e il quarto uomo avevano cominciato a presentarsi in campo vestiti come i Rondò Veneziano e non volevano saperne di abbandonare il terreno finché non avevano eseguito l'intero album.

Quali sono gli oggetti che i calciatori possono portare in campo?

La domanda cade a fagiolo perché proprio la scorsa settimana la Fifa ha diramato la nuova lista di oggetti che i giocatori di calcio possono e non possono portare in campo durante una partita. Secondo la Fifa, non possono portare in campo catenine, orologi da polso, orologi da taschino e a cucù, anelli, braccialetti, piercing al naso, all'occhio, alla bocca e sui glutei. Inoltre, non possono assolutamente tenere ovatta e bottiglie di Coca-Cola negli slip per sembrare superdotati. Gli orecchini sono ammessi soltanto se fanno pendant con la divisa ufficiale della squadra. Gli oggetti che invece si possono portare sono: gel, pettine, il phon a quattro velocità, l'orario dei treni e delle corriere, un De Chirico, un parente estratto a sorte fra quelli di primo grado, una chiave inglese del 2, la raccolta completa di Zagor, Veline fino a un massimo di tre e il Tapiro d'oro, ma solo se il genitore del calciatore è il Gabibbo.

Perché in Serie A si fanno meno tunnel?

Bah, in Serie A si fanno meno tunnel perché a certi livelli il tunnel è considerato un gesto di irrisione nei confronti dell'avversario e, secondo un codice d'onore non scritto nel mondo del calcio, non è possibile fare un tunnel senza scontarne le conseguenze. A questo proposito ricorderete tutti la vicenda di Marino Perani, che in un Bologna-Napoli del campionato '63-64 fece tunnel e controtunnel a Ronzon, il quale, per vendicarsi, la sera stessa chiamò quindici amici suoi soprannominati "Brigate Ronzon", i quali, avendo saputo che Perani era un appassionato della pittura cubista, gli ridussero la faccia come un quadro di Picasso. Nella stagione '69-70, Martiradonna, del Cagliari, dopo aver subìto un tunnel da Mario Corso (che allora cantava come baritono nel coro Kabir Bedi Moratti) gli si presentò a casa sotto la doccia e gli strinse violentemente gli zebedei, cagionandogli quella voce così particolare che ancora oggi contraddistingue il simpatico Mariolino. Martiradonna ha recentemente riservato a Mario Giordano lo stesso trattamento nel match di beneficenza Vecchie glorie del Cagliari-Giornalisti di Italia 1. In realtà Giordano non gli aveva fatto nessun tunnel, ma Martiradonna, dopo aver visto il TG di Italia 1, ha deciso che era il caso di intervenire lo stesso.

Fino a che età un portiere può parare un rigore?

Non esiste in realtà un'età limite: basta che il tiratore sia Simone Loria.

Ti ricordi il tuo primo gol e a chi l'hai dedicato?

Lo ricordo come fosse oggi. Si trattava di un Guastalla-Resto del Mondo valevole per la Coppa anglo-italiana di Lega Mitropa del 1978, un torneo che ci eravamo inventati noi mischiando tre-quattro nomi di trofei realmente esistenti. Era il 90' e la partita era inchiodata sul 7-0 per loro. Pioveva talmente tanto che l'arbitro tra un tempo e l'altro aveva acquistato il terreno per trasformarlo in un laghetto per la pesca sportiva. Mi arrivò un pallone sulla trequarti e io, con un dribbling secco molto elegante, mi feci soffiare la palla come un babbeo. Fortunatamente la palla finì in un mulinello di acqua che me la riconsegnò. A quel punto tra me e la porta c'era solo tutta la squadra avversaria. Mi misi di buzzo buono. Indicai al terzino destro che gli stavano fregando l'autoradio nel parcheggio, e quello se ne andò. Indicai al terzino sinistro che sua moglie in tribuna aveva aperto un dibattito piuttosto acceso con l'omino dei gelati, e quello se ne andò. Feci presente allo stopper e al libero che a fine mese scadeva la rata del prestito che gli avevano fatto certi amici miei, e quelli mi fecero passare. A questo punto non rimaneva che il portiere Aldo Guglielmoni, detto "Saracinesca Umana", già riserva di Bodini nell'Atalanta. Lo guardai. Mi guardò. Ci guardammo e decidemmo di andare a vivere insieme. Come pegno d'amore, Guglielmoni si sdraiò docile sulla destra e mi permise di insaccare comodamente sul lato opposto. Il gol, e ancora oggi mi chiedo il perché, lo dedicai ad Amedeo Minghi.

Qual è la figurina Panini più introvabile?

Oggi le figurine sono di facile reperibilità e soprattutto a buon mercato, tanto che il figlio di Bill Gates per completare l'album, stizzito perché non trovava la figurina di Dario Dainelli, ha preferito comprare direttamente la Panini, che tra l'altro gli costava anche qualcosa di meno. In passato era ancora più difficile finire l'album perché le figurine non erano autoadesive e spesso si andava a letto convinti di aver finito il Bologna e la mattina dopo era rimasto attaccato all'album solo Amos Adani. Dagli anni sessanta fu introdotta la Coccoina, la cui composizione chimica è tutt'oggi ignota. Mi ricordo che dopo aver incollato figurine per tutto il giorno, una notte la mia famiglia fu svegliata da un tremendo boato: la Coccoina aveva fatto reazione con la figurina di Lamberto Boranga ed era esploso l'album. Comunque, per venire all'argomento, la figurina più introvabile della storia è quella di Maciste Bolchi del campionato 1958-59. Questo perché il primo album di figurine Panini è del 1962.

In quali paesi non è arrivato il calcio?

Il calcio è arrivato in tutti i paesi del mondo tranne che in Groenlandia perché si fa una fatica boia a portare il digitale terrestre sotto i lastroni di ghiaccio e i decoder non durano perché i pinguini se li mangiano. Se a tutto questo si aggiunge che in Groenlandia i campi di calcio sono pieni di buchi per pescare le lontre, si capisce perché il calcio non ha mai attecchito. Rimane da aggiungere che l'unico componente della Nazionale groenlandese, Rasto Ravintola, si è ritirato perché era stufo di giocare da solo in cortile con sua mamma a urlargli di tornare nell'igloo a fare i compiti.

Perché Gaucci comprò la Viterbese?

Gaucci comprò la Viterbese perché quel giorno lì veniva data in omaggio con "Panorama".

È vero che i guardalinee hanno al polso una ricetrasmittente per comunicare con l'arbitro?

È vero. I primi esperimenti di comunicazione via radio tra i guardalinee e l'arbitro risalgono addirittura agli anni quaranta, ma la cosa si rivelò subito difficoltosa perché erano solo due o tre gli assistenti dell'arbitro in grado di farsi legare sulle spalle la piattaforma sulla quale veniva sistemato un apparecchio radio del peso di settecentottanta chili, senza contare i settanta-ottanta chilogrammi dell'inserviente addetto alla sintonia. A questo si aggiunga che molto spesso le comunicazioni erano interrotte da Radio Londra, circostanza questa che indusse molti guardalinee ad arruolarsi tra i partigiani nella celeberrima brigata Trentalange. Ai giorni nostri, con la tecnologia miniaturizzata, il rapporto tra arbitro e guardalinee è facilitato: il ricevitore è poco più grande dell'assegno della squadra che deve vincere mentre il tasto sulla bandierina consente al guardalinee non solo di segnalare all'arbitro eventuali infrazioni, ma anche di comunicargli in tempo reale (cioè dopo 6 ore) gli exit poll della Nexus sulle comunali a Bologna. In un futuro non molto lontano, in virtù dell'intuizione del ministro Gasparri, sarà possibile, grazie al digitale terrestre, gestire con lo stesso tasto non solo la normale amministrazione della partita, ma anche partecipare a *Chi vuol essere milionario*, accedere ai sondaggi di Marco Mazzocchi sugli Europei e prenotare un hotel due stelle a Torre Pedrera. Il sistema ha però un difetto che ancora non è stato possibile eliminare: i segnali sono facilmente intercettabili. Ne sa qualcosa l'arbitro Grillini dell'Aia Gay di Bologna, che durante un Ascoli-Vicenza dello scorso campionato tentò di insidiare pesantemente il guardalinee Torello di Grottammare, il quale, come risulta dal testo a disposizione dell'ufficio inchieste, rispose: "Smettila di provarci tanto la mia bandierina non te la darò mai."

Come si allenano i guardalinee?

I guardalinee seguono gli stessi allenamenti degli arbitri, cioè footing, prove di resistenza, eccetera, mentre un allenamento speciale è invece previsto per il quarto uomo. Il quarto uomo durante la settimana si allena proprio a fare il quarto uomo. È difficile l'allenamento del quarto uomo, perché bisogna abituarlo psicologicamente a essere considerato il quarto uomo. La Federazione, per esempio, ha insistito affinché le fidanzate e le mogli dei quarti uomini vengano addestrate a rispondere alla domanda del loro compagno: "Quanti uomini hai avuto prima di me?" E loro rispondono: "Solo tre, tu sei il quarto uomo." Ai circoli di briscola, appena vedono arrivare il quarto uomo, si siedono in tre e gli chiedono: "Venga, che ci manca il quarto uomo." E così in pratica lui si abitua a essere considerato il quarto uomo e la domenica sera fa il quarto uomo con lo spirito tipico del quarto uomo.

Qual è il modulo calcistico che preferisci?

Il modulo calcistico al quale sono più affezionato è quello della grande Honved che prevedeva quattro terzini disposti a rombo, quattro centrocampisti disposti a rettangolo scaleno e due attaccanti disposti a tutto. Il modulo della Honved consentiva al singolo giocatore, in virtù del movimento sincrono di tutti gli undici, di assentarsi dal match per raggiungere il centro cittadino e andare a comprare le sigarette, oppure partire per il mare con la famiglia senza che alcuno se ne avvedesse. Il metodo della Honved non si usa più perché non c'è più la Honved.

Perché i telecronisti ormai hanno tutti la seconda voce?

Il primo telecronista a giovarsi della seconda voce fu Bruno Pizzul, che l'aveva visto fare su una TV statunitense, ma aveva capito male e si presentava allo stadio insieme al corvo Rockfeller, che esordì durante un'Italia-Cecoslovacchia del Mondiale '90, e subito mostrò di capire di calcio molto più di D'Amico e Boniek messi insieme. Pizzul abbandonò piccato l'esperimento perché alla fine di Italia '90 la Rai propose a Rockfeller e non a lui di condurre *90° Minuto* insieme a un altro pupazzo: Fabrizio Maffei. Scottati dal "caso Rockfeller", i cronisti moderni preferiscono scegliere la seconda voce in base alle proprie caratteristiche. Così, per esempio, quella sagoma di Carlo Nesti, che ha la vigoria fisica e verbale della seconda rata Irpef, ha chiesto una seconda voce che non lo sovrastasse troppo: la scelta è così caduta su Zeppo Marx, quello dei fratelli Marx che non parla. Invece Gianni Bezzi, noto playboy, ha voluto come seconda voce madre natura Vanessa Kelly o, in subordine, Eva Henger, anche se molti commentatori hanno rilevato che, durante le telecronache, la voce della Henger non si sente quasi mai, mentre quella di Bezzi è spesso soggetta a repentini e inaspettati cambi di tono. Stefano Bizzotto, infine, non ha bisogno della seconda voce perché durante le pause sente Radio Deejay.

Sento sempre parlare di fondamentali del calcio. Quali sono?

I fondamentali del calcio sono dieci: 1) Lo stop di petto all'Hollywood. 2) Il rimorchio della Velina. 3) Lo shopping a Ibiza. 4) Il colpo di testa per Federica Fontana. 5) La metà in nero su un conto estero. 6) La risposta: "Se il mister mi chiama, l'importante è farsi trovare pronto." 7) Un gessato discreto per le partecipazioni a *Controcampo.* 8) Una grisaglia pesante per *La Domenica Sportiva.* 9) Farsi acconciare i capelli da Rolando, il parrucchiere delle dive. 10) Una volta abbandonato il calcio, aprire una discoteca con Cristian Brocchi.

Perché le Veline fanno i calendari?

Le Veline fanno i calendari perché così i calciatori possono usarli come catalogo.

Che cos'è il fallo di confusione?

Il fallo di confusione fu scoperto in epoca moderna dalla stimata pornoattrice Eva Orlowsky che durante un'orgia con settecentocinquanta persone non riuscì ad assegnare l'ultimo fallo a chi lo aveva commesso. Nel calcio invece l'introduzione è più recente e si deve all'arbitro De Santis, che annullò una rete di Cannavaro alla Juventus sostenendo di aver visto in area tutti i giocatori della Juve, tutti quelli del Parma e una manifestazione non autorizzata dei Cobas del latte. Per fare chiarezza, citerò la definizione di "fallo di confusione" riportata nel regolamento ufficiale dell'Aia: "Si ha fallo di confusione allorché nei minuti tra l'ottantacinquesimo e il novantesimo di una partita che veda impegnata una qualunque tra le tre società più potenti del campionato, questa subisca un gol. Nel caso la partita sia tra due squadre che appartengano alla categoria succitata, cioè quella delle tre società più potenti del campionato, il fallo di confusione viene in soccorso del sodalizio che sia presieduto da una persona piacente a cui stanno tra l'altro ricrescendo i capelli." Per chiudere, un cenno storico: il primo ad applicare il fallo di confusione fu Ponzio Pilato.

Un calciatore può essere un intellettuale?

Può, ma non gli conviene. Prova ne sia la triste vicenda di Ezio Vendrame, Paolo Sollier e Cristiano Lucarelli, che da quando hanno ammesso pubblicamente non solo di aver letto qualche libro, ma di averne pure scritti, sono perseguitati da agguati notturni da parte di Giorgio Porrà ed Enzo Meloccaro di Sky, che insistono per intervistarli in situazioni inconsuete, anche a bordo di sidecar, calcinculo e navicelle spaziali, giusto per far dire a chi ha versato a Sky quella valanga di euro ogni mese: "Ma va questi, son bravi però." Proprio per questo i calciatori colti tendono a nascondersi e a non far trapelare nulla. Nessuno sa per esempio che Marco Pacione, ex Juve e Verona, intrattenne un lungo rapporto epistolare con il filosofo Jacques Derrida, morto recentemente di dolore proprio perché Pacione, avendo smarrito l'indirizzo, aveva smesso di scrivergli. Abbastanza nota invece la dolce simpatia fra Pippo Inzaghi e la scrittrice sudamericana Marcela Serrano (attualmente dirige l'Instituto Profesional de Arte "Vincent Pérez Rosales" dell'Università di Santiago), che Super Pippo aveva conosciuto alla Buchmesse di Francoforte nel reparto casalinghi e articoli da regalo. Carlo Mazzone, infine, cura personalmente il premio Nonino, che fu istituito proprio in suo onore ma poi col tempo ha perso una enne. In generale si può dire, con un vecchio adagio: "Al calciatore non far sapere quant'è buono l'Ungaretti con le pere."

La "ola" è sempre più di moda, e non solo nel calcio. Sai dirmi dov'è nata?

Della "ola" ci sono tracce già nel match Orazi-Curiazi. I sostenitori dei Curiazi, quando a metà del secondo tempo la loro squadra sembrava largamente in vantaggio, si produssero in una "ola" che distrasse le squadre in campo, determinando la vittoria degli Orazi. Più recentemente la "ola" è stata introdotta negli scacchi dal campione russo Garry Kasparov, quando in un match con Spassky la fece fare ai pedoni per distrarre il cavallo avversario. Vinse Spassky. Nel calcio la "ola" è arrivata nel 1986 in occasione del Mondiale in Messico, quando il grande Bruno Pizzul, assalito proditoriamente dalla vendetta di Montezuma, fece alzare l'intero stadio Azteca per raggiungere il bagno.

Quando il fuorigioco è attivo e quando è passivo?

È molto semplice: il fuorigioco è passivo quando viene fischiato a Solange, e attivo quando viene fischiato a Cecchi Paone.

Come si allenano gli arbitri di calcio?

Da qualche anno gli arbitri di calcio svolgono un raduno settimanale a Sportilia dove, dopo la mattinata trascorsa a compiere esercizi fisici, nel pomeriggio vengono istruiti sulle situazioni di gioco nelle quali è opportuno saper interpretare bene il regolamento. Gli arbitri si misurano su quesiti pratici: il rigore alla Juve è meglio inventarlo alla fine del primo tempo o negli ultimi quindici minuti? Come metterci una pezza se ti scappa di annullare un gol al Milan? A che giornata deve retrocedere il Livorno? La serata invece è dedicata a contrattare con Conto Arancio il mutuo più favorevole per la Maserati. Prima di dormire, infine, Collina imita tutti e quattro i Rockets esibendosi in una versione *unplugged* dei loro successi.

Cosa pensi del calcio a cinque?

Penso che nel calcio a cinque sia difficile sostenere che il pubblico è il dodicesimo uomo in campo.

Puoi spiegarmi la media inglese?

Of course. La media inglese fu istituita nel 1818 da uno di Crotone che al ritorno da una battuta di pesca, sedendosi a tavola mentre la moglie friggeva un cefalo, disse tra sé e sé: “Ma perché intanto che aspetto il cefalo non invento la media inglese?” Costui decise che andavano assegnati -1 punto per il pareggio in casa, -2 punti per il pareggio fuori e un punto solo per la vittoria fuori. Ma un suo cugino di Milano, che era lì per le vacanze di Natale, gli fece notare che così il campionato lo vinceva l’Empoli. Quello di Crotone allora perfezionò la sua idea assegnando 3 punti a chi perdeva fuori, 1 punto a chi pareggiava in casa e 6 punti se la partita veniva rinviata per neve. Un altro suo parente che era giù per le vacanze di Pasqua gli fece notare che quel sistema era identico a quello adottato per la Champions League e quindi il campionato rischiava di risultare falsato. Quello di Crotone così si rinchiuse in un mutismo disperato e per un pezzo di media inglese non se ne parlò più. Il concetto di media inglese riappare improvvisamente quando Livio Forma di *Tutto il calcio minuto per minuto*, nel bel mezzo di una radiocronaca su Fiorentina-Lecce, annuncia che la Fiorentina è in perfetta media inglese, provocando il panico tra gli ascoltatori e i colleghi. Da qui questa domanda, a cui risponderei volentieri se non dovessi pigiare l'uva.

Che cosa significa nel calcio il termine "melina"?

La parola melina ha origini relativamente recenti e risale all'attrice greca Melina Mercouri che durante una rappresentazione di una tragedia di Sofocle, della durata di quindici ore, provocò ben 1.738 casi di orchite acuta. Di qui la locuzione "fare la Melina", che è poi diventata fare melina e cioè esasperare il pubblico e così indurlo ad abbandonare lo spettacolo con le palle grosse come due mongolfiere.

Sei favorevole oppure no alla moviola in campo?

Sono favorevole all'uso della moviola nel calcio professionistico, anche perché diversamente si creerebbero un sacco di posti di lavoro. A bordo campo dovrebbero esserci infatti un moviolista, un commentatore, uno che dice che il commentatore si sbaglia, un altro che sostiene che quello che ha detto che il commentatore si sbaglia è un cretino, e un altro in collegamento da Roma che dice che c'è un complotto delle squadre del Nord. Nelle serie minori però, dove i mezzi sono inferiori, i tempi non sono ancora maturi. L'anno scorso, per esempio, durante un Brescello-Cremapergo dell'Interregionale, si sperimentò la moviola in campo delegandola al fotografo del paese che per tutta la partita scattò diapositive. Il lunedì le diapositive furono portate all'Ipercoop a sviluppare e il venerdì le squadre furono convocate nella Biblioteca comunale Franco Melli di Castelnuovo Sotto per decidere se il rigore dato al Brescello ci fosse o no. Purtroppo però il fotografo aveva confuso il rullino e sullo schermo apparvero le immagini di un incontro intimo con Pamela, la più generosa ragazza del paese. Da quel giorno, la moviola in campo a Brescello non si fa più e il fotografo ora è single.

Una volta che cosa scrivevano i calciatori sotto le loro magliette di gioco?

La moda di scrivere frasi sotto la maglia nasce durante il ventennio fascista, quando Reguzzoni, non potendo contestare platealmente il Duce che assisteva a un Bologna-Ambrosiana del settembre 1938, scrisse sotto la maglietta una frase che metteva pesantemente in dubbio la moralità di Claretta Petacci e giungeva a insinuare l'ipotesi che lo stesso Reguzzoni avesse approfondito la conoscenza con la concubina del Duce ("Claretta l'ha data anche a me"). Durante la guerra l'abitudine cadde un po' in disuso a causa delle difficoltà economiche: le magliette di sotto erano merce rarissima e i giocatori solevano marchiarsi il petto con il ferro rovente destinato al bestiame. La pratica fu abbandonata quando al mercato del bestiame di Mantova una mucca fu scambiata senza alcun conguaglio con Baloncieri. Nel dopoguerra la moda riprese vigore, con alcuni infortuni. Per esempio, quando l'Inter vinse la prima coppa Intercontinentale, Djalma Santos si sollevò la maglietta e indicandosi il petto mostrò una foto della moglie. Ma era la moglie di Nílton Santos. Da allora i due furono schierati in settori opposti del campo. Nel 1974 Giorgione Chinaglia, avvicendato da Ferruccio Valcareggi durante Italia-Haiti ai Mondiali, al momento della sostituzione la prese così bene che, invece della maglia, sollevò Valcareggi e tentò di appenderlo alla panchina con un grosso cappio.

Perché spesso i calciatori parlano in terza persona?
Sinceramente, Gene Gnocchi non lo sa.

IL GENE DEGLI ALTRI SPORT

Quali sono le tre regole principali del cricket?

Le tre regole principali del cricket sono cinque. 1) Possedere un maglione bianco a V che non si infeltrisca anche se lo lavi coi capi colorati. 2) Possedere una mazza da cricket. Se ne trovano di bellissime a Vigevano. Se non si possiede una mazza da cricket, è sufficiente chiedere a uno di quelli che usano il rullo compressore sulle autostrade di passare sopra alla vostra mazza da baseball. 3) Possedere una pallina da cricket. Ce ne sono di bellissime a Vigevano. Se non si possiede una pallina di cricket si può usare una pallina da tennis all'interno della quale sarà stato pompato piombo. 4) Possedere un reddito che consenta di giocare a cricket. 5) Avere qualcuno disposto a giocare a cricket con voi: in questo caso dovrete plagiarlo.

Hai mai ospitato a casa tua un campione straniero?

Sì, per un periodo ho ospitato Tiger Woods. Ma l'invito non era partito da me.

Qual è il posto più bello per seguire il GP di Montecarlo?

Dipende. Se vai a Montecarlo a tua insaputa, l'appartamento di Gianfranco Fini è perfetto. Se invece ci vai proprio per seguire il Gran Premio, l'ideale è prendere il posto di Massa sulla Ferrari e guidarla tu, che tanto sicuramente fai un tempo migliore e non hai bisogno di romperti le palle a vedere la corsa attraverso la camera car.

Che cosa sono le ripetute nel ciclismo?

Nel ciclismo le ripetute sono le corse reiterate che i Nas devono fare per circondare l'albergo dove alloggiano i ciclisti.

Quanto conta il fattore campo?

Dipende dallo sport che si pratica. Per esempio, nella pesca subacquea è pressoché ininfluente perché i tifosi disposti a scendere in profondità per sostenere le cernie si contano sulle dita di una mano. Anche nel tiro al piattello il fattore campo non conta granché, perché colui che spara è dotato di cuffie insonorizzanti che gli impediscono di sentire qualunque rumore. Ma non è stato sempre così. In un passato non lontano, la Federazione italiana tiro al piattello aveva pensato di far pervenire nella cuffia dell'atleta le urla dei sostenitori assiepati alle sue spalle. Si capì subito che questo avrebbe causato gravissimi problemi alla concentrazione, perché durante la gara in cui fu tentato l'esperimento il tiratore azzurro Romolo Porretta non centrò nemmeno un piattello, ma colpì in pieno petto una quindicina di ufficiali di gara prima di essere squalificato dall'unico giudice superstite.

Quale sarà la prossima sfida di Giovanni Soldini?
La prossima sfida di Giovanni Soldini sarà quella che tutti noi da anni speriamo che vinca definitivamente, e cioè convincere suo fratello Silvio a non fare più film.

Qual è il segreto per non sbagliare nel nuoto sincronizzato?
Sincronizzarsi.

Conosci qualche tecnica di rilassamento?
Sì, conosco circa millecinquecentottantacinque tecniche di rilassamento efficaci, e sono tutte contenute in un algido volumetto che si trova in quasi tutte le librerie e che si intitola: *Il Kamasutra.*

Dopo la Ferrari mimetica secondo te quale auto guiderà Lapo Elkann?
La prossima auto che guiderà Lapo Elkann – da infor-

mazioni assolutamente top secret che ho avuto in via del tutto eccezionale da suo fratello Jaki Elkann, il quale l'ha saputo da suo cugino di secondo grado Polifemo Elkann, il quale l'avrebbe sentito da sua nipote Girella Elkann, che invece l'ha origliato da sua zia Mongolfiera Elkann, che a sua volta è venuta a conoscenza di tutto da suo prozio Profiterol Elkann – dovrebbe essere una Fiat Palio Weekend senza gli optional. Cioè senza sedili. Quindi guiderà in piedi con uno che guarda dietro e gli segnala chi arriva perché anche lo specchietto retrovisore nella Palio Weekend è considerato un optional.

Cosa ti ha colpito di più del Giro d'Italia?

La cosa che mi ha colpito di più è che, siccome tutte le miss erano impegnate nel burlesque di Arcore, hanno truccato da donna Davide Cassani, Francesco Moser e Auro Bulbarelli e a turno i ciclisti hanno dovuto limonare con loro.

In che cosa consiste la crioterapia che fanno gli azzurri del rugby?

Si tratta di una tecnica del freddo che consiste in questo: andare in stanze ghiacciate e farsi ibernare tra una partita e l'altra. La cosa fondamentale è non farsi dimenticare lì. Mi viene ancora in mente il tristissimo caso di Martin Castrogiovanni, pilone della Nazionale italiana, che finì dimenticato in una stanza della crioterapia e riapparve un anno dopo sulle nostre tavole come bastoncino Findus in confezione famiglia gran risparmio.

Ti sei mai travestito per correre accanto ai corridori in una tappa del Tour de France?

Sì, ma forse ho sbagliato. Una volta ho preso la bicicletta e mi sono travestito da Nas. I corridori si sono fermati immediatamente, ognuno di loro ha tolto quelle pompe che usano per gonfiare le ruote e tutto il gruppo ha usato quelle pompe su di me in un modo che ancora oggi a pensarci mi viene da dire che forse Cecchi Paone non ha tutti i torti.

Come si diventa giudice di linea a Wimbledon?

Per i giudici di linea a Wimbledon è previsto un concorso ministeriale per il quale va inviato un curriculum al Circolo Tennis Wimbledon entro e non oltre il 12 febbraio. La domanda va presentata in carta bollata e deve contenere i seguenti documenti: certificato di nascita, certificato di residenza, stato civile e codice fiscale, oltre al certificato del medico oculista che attesti i dieci decimi canonici. Poi viene indetto un concorso diviso in due prove: una prova pratica, che consiste nel prendere sui denti un centinaio di palline scagliate a centottanta all'ora e continuare a tenere un atteggiamento sorridente, e una prova orale, che consiste nel saper rispondere a tutti gli insulti di Nalbandian senza scomporsi più di tanto. A questo punto c'è un'ulteriore selezione, per cui i candidati vengono portati sul centre court e lasciati soli un weekend con Pippa Middleton. Quello che sopravvive a quell'assatanata di Pippa, è pronto per fare il suo esordio come giudice di linea.

Perché il simbolo dell'Olimpiade è formato da cinque cerchi?

Perché sei non ci stavano.

Sei mai andato a vedere un GP di Formula 1 a Monza?

No, perché tutte le volte che mi incammino per andare a Monza mi fermo ad Arcore. E lì altro che Gran Premio...

Come vengono scelte le cheerleader dell'Nba?

Ci sono test severissimi. Si tratta in sostanza di quattro prove scritte che comprendono astrofisica nucleare, psicopedagogia motoria, storia del ballo aerobico e anaerobico e fenomenologia di Kobe Bryant, e tre orali di cultura generale. Una volta superate tutte queste prove, la giuria lascia cadere una penna per terra, la candidata deve raccoglierla e a quel punto, vista di spalle, viene emesso il giudizio definitivo.

Come fanno a tenere sempre accesa la torcia olimpica?

Ah, ci sei cascato anche tu! In realtà sono anni e anni che non accendono più la torcia olimpica. E il fuoco che si vede è come quello che c'è nei caminetti finti, che dà il bagliore della fiamma, ma in realtà è una semplice illusione ottica, come questa nostra povera vita che andiamo consumando e che sembra che sia mossa dal calore di una fiamma e invece è agitata soltanto da povere facili fallaci illusioni, che si spengono continuamente ogni volta che le coltiviamo un po'. Scusa se mi sono lasciato andare in questo modo, ma ho sott'occhio l'articolo di giornale che dice che Berlusconi tornerà alla guida del Pdl per il bene del paese.

Perché stava per saltare la tappa delle World Series di vela a Napoli?

La tappa delle World Series di Napoli stava per saltare perché in quei giorni lì in cui doveva esserci la regata lo spicchio di mare antistante il golfo era tutto occupato dall'imbarcazione di Totuccio Cardamone detto 'A Triglietta per il matrimonio della figlia Rosaria con Ottaviano Fusco, figlio di Pasquale Girolimetta detto 'O Calamaro. I due controllano tutto il mercato ittico dal golfo di Napoli su su fino alle foci del Missouri e avevano previsto per i loro rampolli una grande cerimonia allietata da un mega concerto per il quale avevano ingaggiato nientepopodimeno che gli U2, che avrebbero fatto tutti i grandi successi napoletani in versione rock. Cito alcuni pezzi: *Ite vurria kiss*, *Woman tu si 'na bad woman*, *Look at sea what è bello*, e così via. Quindi gli organizzatori, quando hanno saputo che ci sarebbe stato questo matrimonio, sono andati a parlare ad 'A Triglietta e a 'O Calamaro e hanno convenuto che la gara si sarebbe fatta a patto che Luna Rossa recasse sulla fiancata i nomi dei due sposi.

Nel bob a due come si sceglie chi sta davanti e chi dietro?

Lo decide un'apposita commissione presieduta da Cecchi Paone.

È vero che nel villaggio olimpico si fa sesso sfrenato?

È verissimo, me l'ha confermato proprio qualche giorno fa il direttore del villaggio olimpico, Tinto Brass.

Che cosa fanno i ciclisti nei due mesi di riposo?

Sempre aiutandosi con sostanze ai limiti del lecito, trombano.

È vero che i lottatori di sumo sono considerati dei sex symbol?

Certo, è assolutamente vero, e questo è un dato oggettivo, basta sfogliare le riviste di gossip per rendersene conto. Proprio ieri leggevo, ad esempio, su "Novella 2000" che

Charlize Theron sta ora con Takeshi Terondo, un lottatore di sumo di novecentotrenta chili che gira sempre col suo lenzuolo arrotolato al fondoschiena e lei non si vergogna affatto, anzi. E l'altro giorno leggevo su "Visto" che Keira Knightley ha lasciato il suo fidanzato James Righton per Matubashi Harakiri, il campione olimpico di sumo categoria oltre duemila chili, anche se ha chiesto all'Ikea di rinforzare il suo letto Billo. Mentre George Michael, a quanto ne so, sta con la nazionale juniores di sumo.

Come ti tieni in forma durante le vacanze natalizie?

Per le vacanze natalizie io non ho il problema di tenermi in forma perché uso regolarmente questo stratagemma: la mattina del 24 dicembre mi faccio mangiare da un orso e durante le feste se la sbriga lui a smaltire le calorie in eccesso e poi gli chiedo gentilmente di risputarmi il 7 gennaio. Libero di non crederci, ma è così.

Che cosa bisogna fare per vincere una volata?

Alla mia età, caro lettore, l'unica cosa da fare per vincere una volata è sedersi sull'ammiraglia che precede la corsa.

Quali doti deve avere un bravo skipper?

Deve possedere due doti antitetiche. O il bravo skipper è capace di prevedere l'evolversi dei venti, il repentino e subitaneo variare delle correnti e il fuggevole alito di una brezza che si tramuta vieppiù in un'iraconda forza della natura, oppure deve saper nuotare.

A che cosa bisogna stare attenti nelle mischie sotto canestro?

Be', a qualunque cosa. Ti cito solo un episodio accaduto durante un memorabile Ignis-Simmenthal degli anni settanta. Meneghin, con l'Ignis sotto di sei punti a tre minuti dalla fine, durante una mischiona sotto canestro, infilò una grossa nutria nei pantaloncini di Mike D'Antoni, che da quel momento non azzeccò più un tiro dalla lunetta perché, mentre faceva i tiri liberi, l'animale gli sbucava dai calzoncini e gli faceva "PEEEEEEEEEEEEEEEEEEEEEEE", riproducendo il suono delle trombette sugli spalti. L'episodio fece così clamore che oggi, come tu ben sai, il simbolo dell'Ignis è una grossa nutria.

Manderesti i tuoi figli a fare i raccattapalle al torneo di Wimbledon?

Sì, perché in quel periodo lì non ho la babysitter.

Ma Lewis Hamilton è veramente un pilota scorretto?

Se escludiamo il fatto che entri in contatto con quasi tutti in curva, che sorpassi dove è vietato, che tamponi il suo compagno di squadra, che tagli la strada in corsia box, che scavalchi qualcuno con le bandiere gialle esposte, direi che Lewis Hamilton è un pilota correttissimo.

Quali sono i compiti di un caddie?

I compiti di un caddie dipendono molto da un fatto, cioè di chi sei caddie. Perché, è chiaro, se sei il caddie di Manassero, oltre a portargli le mazze, devi anche fargli i compiti, segnarti quando ricevono i professori e andarci a parlare. Se invece sei il caddie di Tiger Woods, devi semplicemente cercare di raspollare quello che lui smette.

Qual è lo stile del nuoto che ti riesce meglio?

Io sono un campione nei quattrocento vongola, che è una specialità difficilissima. Ai blocchi di partenza ti tuffi e procedi come le vongole di bocchettone in bocchettone, sniffando il cloro e riemergendo fatto a un punto tale che entri in un bar, chiami a te tutti gli astanti, sali su un tavolo per attirare maggiormente l'attenzione e racconti con dovizia di particolari e testimonianze inedite che per circostanze a noi ignote Federica Pellegrini è ancora vergine.

Perché nel salto dal trampolino si mettono gli sci a "V"?

Perché sono state provate tutte le lettere dell'alfabeto, la

"A", la "B", poi la "C" e così via, e i saltatori sono morti tutti. È sopravvissuto solo quello che ha provato la penultima lettera, la "V". Se la "V" fosse stata la prima lettera dell'alfabeto, ci sarebbero ancora tanti saltatori fra noi.

Che cosa succede dentro le mischie di rugby?

La mischia di rugby in realtà è foriera di tantissimi segreti, che nessuno ha mai svelato perché quella è un po' la zona franca del rugby. Visto che conosco una cugina di Parisse, una volta ho avuto la possibilità di andare sotto il campo e, attraverso un cunicolo scavato da una talpa, ho potuto scrutare da sotto che cosa succede. Durante la mischia i giocatori che giocano in casa, proprio per la famosa ospitalità tipica del rugby, tirano fuori dei bigliettini dove ci sono i numeri di telefono di tutte le ragazze della zona. Infatti quando finisce la mischia rimane sempre uno della squadra ospitata che si porta verso la panchina con un telefonino, e da lì chiama tutti i numeri di telefono appena avuti per organizzare questo benedetto terzo tempo, che tutti pensano essere fatto con la squadra avversaria, invece è fatto con le amiche della squadra avversaria.

Perché non esiste il bob a uno?

Non esiste il bob a uno perché il 99,9 per cento dei bobbisti è gay, per cui la mancanza di un compagno alle spalle pregiudicherebbe la prestazione.

Qual è stata la tua prima bici?

La mia prima bici è stata una cyclette che mi regalò mia mamma quando avevo tre anni. Siccome non sopportava di sapermi in giro in bici mi comprò la cyclette e io pedalavo per ore e ore davanti a lei nel suo salone da parrucchiera, mentre i miei fratelli, dietro, facevano scorrere scenari di montagna, picchi, cime e ripide discese per darmi l'impressione di essere all'aperto. Tutto questo durò fino a quando mi accorsi che, per un difetto nello svolgimento dello scenario, avevo scalato due volte il Monte Bianco nel giro di cinque minuti. Chiesi allora a mia madre e lei fu costretta ad ammettere il sotterfugio e a regalarmi un'auto perché nel frattempo avevo raggiunto il diciottesimo anno di età.

Come si svolge la combinata nordica?

Per lo svolgimento della combinata nordica la prima cosa essenziale è essere a Nord, altrimenti si parlerebbe di combinata occidentale, di combinata orientale o di combinata meridionale. Una volta al Nord, diciamo che il più è fatto perché qualsiasi cosa tu combini al Nord, diventa giocoforza una combinata nordica.

Perché nella pallavolo i giocatori si danno il "cinque" anche dopo aver sbagliato?

Prova tu a darti il "sei"!

Hai qualche ricordo dell'Olimpiade di Roma?

All'epoca avevo cinque anni e ho un ricordo vivissimo. Vivevo coi miei nonni e a casa di mio nonno una sera si presentò Abebe Bikila; il nonno e Abebe iniziarono una discussione e a un certo punto cominciarono a volare parole grosse e mio nonno cercò di colpirlo con il giavellotto di Walter Krüger. Il motivo della discussione è che mio nonno all'epoca faceva scarpe da maratona e voleva che Bikila corresse con le sue scarpette; i due non raggiunsero l'accordo e Bikila per ripicca corse scalzo. Mio nonno ci costrinse davanti alla televisione a tifare contro Bikila ma lui purtroppo vinse, e per giunta scalzo. Mio nonno in preda a una crisi di sconforto chiuse la fabbrichetta di scarpe da maratona ed entrò nelle ronde padane.

Hai mai battuto un record da Guinness dei Primati?

Sì. Ad Amburgo sono stato eletto l'uomo con più capelli al mondo. Ne avevo trecentoventiquattromila. Eravamo in finale io e un certo Silvio B. di Arcore, ed era risultato che lui aveva ventiquattromila capelli in meno. Sai cos'è successo? Ha preteso la riconta dei capelli e, risultando ancora io vincitore, ha istituito un ministero (del capello), ha eletto ministro Caparezza, fatto il lodo Grafic di Garnier e mi ha espulso dal paese.

Che ne pensi del GP di Formula 1 a Roma?

Penso che ci mancava proprio. Roma, che ormai è una città che vive immersa nella tranquillità, per niente caotica, dove circolano pochissime vetture, aveva bisogno di una scossa per rivitalizzarsi. Soprattutto il centro urbano, nel quale ormai circolano solo placide carrozze trainate da cavalli bolsi (fra i quali un giorno mi è parso di riconoscere Nestore, il vecchio cavallo di Alberto Sordi), qualche pigro ciclista che va a fare la spesa e qualche anziano parlamentare che raggiunge di nascosto l'alberghetto in auto blu dove l'attende una compiacente Samantha con la quale organizza festini a base di sostanze stupefacenti. Quindi, ben venga un Gran Premio di Formula 1 a Roma. Possibilmente la domenica, in tarda mattinata, e suggerirei di farlo passare davanti a Piazza San Pietro durante l'Angelus, così, solo per vedere l'effetto che fa.

Perché a rugby si gioca con la palla ovale?

Perché se si giocasse con la palla tonda sarebbe calcio.

Da bambino avevi poster di sportivi appesi nella tua cameretta?

No, perché quando ero bambino io non erano ancora stati inventati i poster. Avevo solo una grande e vecchia foto di Gustavo Thoeni sorpreso in un raro momento di tranquillità, in cui stava parlando l'italiano.

Hai mai partecipato a un torneo di scacchi?

Sì, ho partecipato al torneo internazionale di scacchi viventi di Gabicce Mare. Ero il quinto pedone nero a destra ed ero mosso da Boris Spassky. Durante il match che Spassky conduceva contro Fischer, mi mangiò la regina che era impersonata da Edwige Fenech e da quel momento per me gli scacchi hanno il dolce ricordo di quel viluppo di braccia e di quel corpo sinuoso di Edwige, avvinghiato al mio. Ricordo che restammo dopo la partita abbracciati per ore sulla spiaggia mentre Spassky e Fischer giravano per il bagnasciuga urlando: "Dove sono finiti la regina e il quinto pedone?" Per amore di precisione devo dire che da quell'unione nacque un piccolo alfiere al quale mettemmo nome Alvaro... Che poi fece tutti i film con Edwige col cognome d'arte Vitali.

Chi sono gli specialisti meteo dei team di Formula 1?

Gli specialisti meteo dei team di F1 sono i due Giuliacci, padre e figlio. Il problema è che non sono mai d'accordo tra di loro, perciò si sono divisi i compiti. Giuliacci padre prevede il tempo per la Red Bull, che lo paga in natura, e per questo ha sempre quell'aria un po' svanita; Giuliacci figlio per tutte le restanti squadre di F1 che lo pagano con Samanta e Virginia, che sono quelle ragazze che stanno con l'ombrellino ai box per fare ombra al pilota, mentre in realtà non vedono l'ora di correre da Giuliacci figlio, meglio conosciuto nel circuito come "l'Isobara di fuoco".

Hai mai preso parte a una corsa a tappe?

Sì, nel 1994 ho partecipato alla Fiorenzuola-Brisbane, corsa in due tappe, andata e ritorno, sponsorizzata dall'équipe del dottor Conconi, il quale voleva testare alcuni nuovi prodotti che poi non è stato, purtroppo, più possibile reperire in farmacia. Ma per effetto dei quali io vinsi la prima tappa e pure la seconda con un distacco di quattro giorni sul secondo classificato, tale Lance Armstrong. Il quale dovette ammettere tutta la mia superiorità, e non se la prese quando passai la notte sul suo camper con Sheryl Crow.

Ma tu l'hai capito che cos'è la Celtic League di rugby?

Sinceramente io sono in contatto con un pool di studiosi che comprende i professori Antonino Zichichi, Luigi Odifreddi, Carlo Rubbia, Gianni Vattimo e il figlio di Piero Angela; con loro ci riuniamo ogni giovedì per cercare di venire a capo del cosiddetto "Mistero della Celtic League". C'è chi dice che sia un torneo nel quale possono giocare solo irlandesi con genitori gallesi nati a Brooklyn; poi c'è chi dice che sia un campionato dove possono giocare solo squadre formate da gemelli alpini inglesi che abbiano genitori irlandesi-olandesi ma con almeno tre anni nella legione straniera. Secondo il figlio di Angela, la Celtic League sarebbe un campionato che deriverebbe dal primo faraone irlandese, un certo Flan Obrien IV, il quale fu tumulato a Stonehenge e conservato dentro un barile di luppolo pigiato a 700 gradi centigradi.

Come mai non ci sono figli d'arte nel tennis?

Perché i tennisti sono tutti omosessuali.

È vero che i fantini riescono a dialogare con il loro cavallo?

Debbo purtroppo dire di no, perché ho parlato col cavallo di Frankie Dettori il quale mi ha detto che, quando lui ha bisogno di Frankie, va a casa sua, ma non riesce a citofonare perché con lo zoccolo prende tutto il citofono e tutti dicono "Chi è? Chi è?" e pensano al solito scherzo di qualche burlone, quindi lui si allontana tristemente con quell'andatura tipica dei cavalli che hanno appena citofonato a Dettori ma non hanno ottenuto risposta e scompare avvolto dalla nebbia insistente del Sussex.

Che cosa farai la notte di Capodanno?

La notte di Capodanno la passo con mio suocero a giocare a tombola. Lui tiene il cartellone e io tengo tutte le cartelle. È una delle serate più entusiasmanti della mia vita. Siccome lui ha ottantaquattro anni, finiamo di mangiare verso le sei del pomeriggio, poi lui si reca nel tinello e tira fuori la tombola, una vecchia tombola che ha da quando è finita la guerra, con le cartelle con tutte le facce degli indiani e dei cowboy, e va a prendere il sacchetto dei fagioli per marcare i numeri: sono vecchi fagioli che lui fa venire apposta dagli Stati Uniti, molto adatti per la tombola perché sono quadrati, e ultimamente li fa cuocere perché durante la tombola se ne può anche mangiare qualcuno. Così andiamo avanti a giocare dalle sei fino a mezzanotte meno un minuto. A quel punto lui si assenta e torna con una bottiglia di sidro e comincia un conteggio alla rovescia che dura un minuto intero: lui parte da meno sessanta, però siccome è molto lento spesso fa saltare il tappo che è già mezzanotte e dieci. E a me non resta che fingere commozione e contentezza, e grande affettuosità. Un altro anno se n'è andato.

Che cosa ne pensi del Giro della Padania?

È una manifestazione che mancava, se ne sentiva il bisogno. È in tutto e per tutto uguale al Giro d'Italia, solo che per il dopo corsa Maroni e Alfano anziché il *Processo alla tappa* hanno voluto il *Processo breve al tappo.*

Vieteresti gli urletti e i gridolini alle tenniste?

Assolutamente no, perché ho un bellissimo ricordo di una nottata passata con Ana Ivanovic la quale, stupita per le dimensioni del mio racchettone, cominciò a urlare alle 10 di sera e smise alle 7 del mattino, solo perché mi ricordai di avere un altro impegno con Elena Dementieva.

Hai mai gareggiato a cavallo?

Sì, l'ho fatto in un dressage. Ma il mio cavallo voleva saltare. Alla Fosbury. Sono ancora lì che cerco di convincerlo.

Come verranno effettuati i futuri controlli antidoping nel ciclismo?

I dirigenti dell'Uci sono talmente sfiduciati in materia che, dal prossimo anno, entrerà in vigore anche per il ciclismo l'autocertificazione. Basterà che l'atleta dichiari che non ha mai assunto sostanze dopanti e questo sarà ritenuto ampiamente sufficiente a farlo gareggiare.

Che cosa ne dici della nuova Ferrari?

Considerando che è stata disegnata dai tecnici della McLaren, devo dire che non è venuta neanche tanto male.

Perché ai Mondiali di curling i giocatori sono microfonati?

La ragione è semplice. I giocatori di curling sono microfonati perché il pubblico, quando va a vedere il curling, dopo tre minuti di partita comincia a spazientirsi, a sbuffare e a sbadigliare, perché non pensava che il curling dal vivo fosse così noioso, mentre il curling in TV dà l'idea dello sport scoppiettante ed elettrizzante. Quindi i giocatori di curling, durante la partita, raccontano barzellette:

raccontano prima le barzellette di Totti, poi le barzellette sporche, quindi, una volta esaurito il repertorio di barzellette, cominciano a raccontare cosa fa la loro moglie mentre loro sono lì a giocare al curling. E il pubblico riesce ad arrivare alla fine della gara contando mentalmente a quanti la dà la moglie di un giocatore di curling.

Che aiuto può dare lo psicologo a uno sportivo?

Lo stesso aiuto che dà il criminologo Francesco Bruno alle indagini sui grandi delitti irrisolti quando viene chiamato a parlare a *Porta a Porta*: nessuno.

Come si scelgono i raccattapalle per i grandi tornei di tennis?

Non si scelgono, è in realtà una discendenza dinastica, sono figli di raccattapalle che a loro volta erano figli di raccattapalle e a loro volta erano figli di altri raccattapalle, che discendono tutti da Pipino il Breve il quale era così piccolo che veniva usato come raccattapalle perché per prendere la pallina non doveva nemmeno piegarsi.

Come mai vengono tracciate delle linee blu sulle piste delle gare di sci?

Le righe blu sono poste per segnare il tracciato, perché diversamente gli sciatori prenderebbero altre strade, soprattutto quelle che conducono al rifugio "Dien allegren gnoccolonen mit grossen poppen", un rifugio particolarmente caro, dove lo sciatore professionista viene accolto, spogliato della tuta, messo in un caldo lettino e cosparso di sciolina profumata, e poi riceve le attenzioni delle ben disposte donzelle del luogo.

Perché il lancio del giavellotto non si fa indoor?

Perché l'ultima volta che si è effettuata una gara simile, nel palazzetto di Stoccolma, il campo di gara del giavellotto era lungo ottanta metri, e come si sa i giavellottisti raggiungono ormai la misura di novanta-novantadue metri. Quindi, quando dopo i primi tre lanci validi per le eliminatorie gli organizzatori si sono accorti che ottantacinque spettatori della curva contro la pedana di lancio erano stati trafitti, e circa un centinaio di spettatori della tribuna prospiciente la pedana erano stati infilzati, hanno pensato bene che forse era meglio sospendere le gare, anche se il giavellottista Jarno Palaamainen voleva la vittoria perché al terzo lancio aveva colpito uno che gli aveva venduto una Volvo senza i ribaltabili e lui aveva messo incinta una lanciatrice del peso russa che poi in realtà si era rivelata un lanciatore di martello polacco e questo lo aveva fatto giustamente imbufalire.

Che vantaggi ha in salita un ciclista che si alza sui pedali rispetto a uno che resta seduto?

Il ciclista che si alza sui pedali ha il vantaggio che riesce ad avvistare prima l'arrivo dei Nas.

Ma tu hai capito che cos'è il kers della Formula 1?

So esattamente cos'è 'sto kers. Allora, la sigla Kers è un acronimo di "*Kinetic energy recovery stronz*", che in italiano vuol dire: "Ma chi è quello stronzo al quale è venuta l'idea di recuperare l'energia della frenata?" Il principio fondamentale del kers, infatti, è il recupero delle energie della frenata, utilizzando il famoso teorema di Godel-Navarro, secondo cui l'automezzo che frena produce un'energia pari a quattro elefanti di Moira Orfei, che pestando il suo chignon rimbalzano, e ricadendo in una vasca piena d'acqua provocano un moto ondoso, che infrangendosi sulla direttrice binaria della massa corposa indicata con "Y" provoca a sua volta un incremento di forza cinetica pari a "X fratto due per trequarti di Y". Tant'è vero che quando la teoria è stata sottoposta a Briatore il buon Flavio ha detto: "Le cose intellettuali chiedetele a mia moglie Elisabetta Gregoraci."

Bolt è sempre così veloce?

Da un incontro che ho avuto con la sua fidanzata, ho saputo che può esserlo anche di più.

Perché nelle corse di galoppo i fantini non stanno mai seduti sulla sella?

Perché nessuno gli ha mai detto che si possono sedere.

Anche secondo te è vero che in dieci si gioca meglio?

Dipende dagli sport. Nel basket sicuramente sì. Sono stati fatti degli esperimenti, e si è proprio visto che una squadra di dieci giocatori contro una di cinque ha sempre la meglio. Un altro esperimento riuscito per cui si è visto senza dubbio che in dieci si gioca meglio è il tennis. Ma lo sport dove più di tutti in dieci si gioca sicuramente meglio è il pugilato: ho assistito personalmente a un incontro tra un mio amico, il peso massimo Donato Falasca detto la Trivella di San Boseto, contro dieci pesi massimi americani venuti apposta per questo esperimento. Ebbene, ti assicuro che dopo solo due riprese il pur eroico e bravissimo Donato Falasca era ridotto come peggio non si può immaginare. Hai presente quando un povero gnu viene circondato da una mandria di elefanti e rinoceronti inviperiti perché Licia Colò non ha trasmesso un documentario che li riguardava nel programma *Alle falde del Kilimangiaro* e al suo posto ne ha mandato uno sulla vita e gli amori degli gnu in calore nelle notti di luna piena in cui, com'è noto, lo gnu si lascia andare a tenere effusioni con la sua gnucca? Hai presente, vero, caro lettore? Bene, in quel caso i rinoceronti calpestano lo gnu fino a farlo diventare un'enorme cotoletta senza più osso: ci passano sopra una salsina che fanno loro, la rinosalsa (la preferita di Gattuso), lo infilano in un enorme microonde e se lo pappano al calar del sole, mentre da lontano si sente il pianto disperato della gnucca per il suo gnu che non farà ritorno a casa. Ecco: Donato Falasca si presentava nelle medesime condizioni. Quindi, concludendo, devo dire che, anche se potrei continuare la disamina a lungo, in certi sport in dieci si gioca meglio.

Quale personaggio della politica avrebbe potuto fare il ciclista ad alto livello?

Di sicuro l'ex ministro Scajola, avrebbe vinto il Giro a sua insaputa.

Nel tennis, quand'è che l'arbitro deve scendere dal seggiolone?

Quando mette il primo dentino.

È più faticoso giocare a pallavolo o a beach volley?

È sicuramente più faticoso giocare a beach volley, perché prima di giocare devi farti almeno otto ore in coda per raggiungere la riviera romagnola.

Esisterà ancora il problema doping alle Olimpiadi?

Direi che il problema doping è stato ampiamente debellato a parte qualche sporadico caso, come tutti i ciclisti del Tour, quasi tutti i sollevatori, la stragrande maggioranza dei velocisti greci, l'intera nazionale di atletica cinese, il 99,9 per cento dei saltatori americani, tutti gli equipaggi di canottaggio e il 120 per cento dei ginnasti. Considerato anche che soltanto il 97 per cento dei cavalli del concorso ippico assumono testosterone da anni, direi che la situazione è totalmente sotto controllo.

Perché nelle squadre di nuoto sincronizzato le ragazze sono tutte uguali?

Nelle squadre di nuoto sincronizzato le ragazze sono tutte uguali perché sono tutte figlie dell'allenatore e della custode della piscina.

La crisi economica inciderà sul Mondiale di Formula 1?

Assolutamente sì, abbiamo già avuto modo di rilevare come la crisi economica inciderà pesantemente in Formula 1. Tanto che i Gran Premi saranno ridotti dagli attuali diciotto a tre, le auto di Formula 1 andranno a metano, si potranno gommare solo due ruote su quattro e le altre due resteranno col cerchione, le ragazze ai box proverranno tutte dal pubblico di Paolo Limiti e soprattutto, per guadagnare qualche soldo, i pit stop saranno fatti dentro le righe blu ma prima bisognerà obliterare il biglietto al parcometro.

Che cos'è il Cassina 2?

Il Cassina 2 è un'evoluzione del Cassina 1 e probabilmente, da quanto ne so, il Cassina 3 sarà un'evoluzione del 2 così come il Cassina Zero era la base di partenza per il Cassina 1. In pratica, il Cassina 2 è come l'1, però nel nuovo Cassina, dopo la quarta rotazione verso destra, il ginnasta compie un salto all'indietro obliquo inclinando la spalla a 180 gradi per poi riprendere gli arti inferiori riversando tutto il peso del baricentro in prossimità dei piedi, i quali, a questo punto, raddoppiando l'estensione della gamba si trovano alla fine del quinto volteggio nella posizione del sole nell'equinozio di primavera. Nel ricadere, però, Cassina, rispetto all'1, esegue una variante e cioè allarga le braccia facendole ruotare entrambe di 270 gradi mentre il piede di rinforzo va a formare con il tallone dell'altro arto una specie di triangolo che, poco prima di ricadere, fa dire a tutti i presenti un "Oooooooooooooooh" di meraviglia seguito da un commento: "Oh, ma hai visto? Ha fatto il Cassina 2."

Dan Peterson è astemio?

Ho esaminato per questa tua domanda tutte le telecronache di Dan Peterson dall'88 a oggi e devo dire che si suddividono in tre fasi: fino al '94 Peterson era sotto l'influenza del Braulio, dal '94 al 2001 al Braulio aveva aggiunto dosi massicce di Don Bairo l'Uvamaro e, dal 2001 in poi, nelle telecronache di Dan Peterson al Braulio e al

Don Bairo si sono aggiunti tutti i liquori moldavi che gli somministra la sua badante Irina per tenerlo buono.

Hai mai fatto pressione per far arrivare nella tua Fidenza una tappa del Giro?

Non ho fatto pressione, ma ci sono riuscito lo stesso. Nel 1998 la tappa originaria era una cronometro, la Aulla-Parma. I corridori a un certo punto dovevano, dopo aver passato Fornovo, girare verso Parma, tagliando fuori la ridente località che mi ha dato i natali, oggi importante nodo ferroviario, una delle cittadine più belle del mondo, che vive prevalentemente di pastorizia, una cittadina che coniuga la tranquillità alle bellezze architettoniche, piena di gioventù e belle donne, senza dimenticare l'alto livello gastronomico della cucina locale, per la quale Fidenza è stata definita la "Capitale mondiale del gusto", e a volte "del divertimento". E a proposito di divertimento, come tu ben sai, Fidenza viene comunemente ricordata nelle guide turistiche come la "Las Vegas europea". Quindi, che cosa feci: con un mio amico betoniere creai un bivio subito dopo Fornovo e in poche ore costruimmo una superstrada alternativa che portava al vialone d'arrivo, situato in centro a Fidenza. Nella notte ridipinsi tutta la segnaletica stradale e misi lungo tutto il percorso alternativo che avevo creato delle foto di Candido Cannavò. Sulla strada scrissi poi con lo spray bianco frasi tipo "Gibo sei il più forte", "Cunego sei il più biondo", "Di Luca sei il più alto” e “Petacchi tromba meno”. Fatto questo, assunsi circa cinquantamila figuranti che dovevano fare ala al passaggio dei corridori. A questo punto convinsi Auro Bulbarelli e Davide Cassani, che seguivano la corsa dall’Ape Piaggio dello zio di Bulbarelli, a cambiare percorso. I due si rifiutarono, ma io li stordii e feci la telecronaca imitando sia la voce di Cassani, sia la voce di Bulbarelli. I corridori arrivarono a Fidenza, visitarono la città e stettero così bene che il Giro si fermò lì per sempre.

Sei favorevole all’uso del body nel nuoto olimpico?

Sì, certo, ma se nel nuoto olimpico è ammesso l’uso del body allora deve essere ammesso anche quello del gel, del rimmel, dell’iPod, del Pin, del Puk, dell’Abi, del Cab, dell’Iban, dell’Umts, del TomTom, del Gprs, del parental control, dell’Hd e del Dolby System Surround.

Perché Dorando Pietri arrivò sfinito al traguardo della maratona?

Dorando Pietri arrivò sfinito perché a quei tempi non si conosceva ancora l’Epo.

Le macchine di Formula 1 hanno il freno a mano?

No, ma quando il corridore di Formula 1 deve parcheggiare la sua auto in discesa, estrae dal vano cruscotto quattro cunei e li mette sotto le ruote, anche se non si capisce come fa a mettere i cunei con la macchina in discesa. Da qui il famoso dilemma: è nato prima il cuneo o la discesa?

Ma come fanno i giudici di linea del tennis a vedere le palle a oltre cento chilometri all'ora?

Infatti, non le vedono. Giudicano a caso.

Cosa ne pensi del Super Bowl?

Devo farti una rivelazione, caro amico: il Super Bowl io l'ho giocato. Era il 1971 ed ero stato ingaggiato dai Dallas Cowboys. Nella formazione di Dallas facevo il quarterback e mi avevano talmente pompato di steroidi, di anabolizzanti e di ogni tipo di aiuto chimico che a fine partita sollevai con un braccio la sorella di Michael Jackson, La Toya, che aveva cantato nell'intervallo con tutti e due i seni di fuori, raggiunsi con un balzo il dirigibile che sorvolava Miami e insieme fuggimmo verso Honolulu. Lì ci attendeva suo fratello che però, quando vide che La Toya se la faceva con un ragazzo di età superiore ai nove anni, ci allontanò bruscamente dal suo ranch e allora io e La Toya optammo per una vacanza ai Lidi di Comacchio e al Lido di Pomposa, dove lei vive attualmente, avendo messo su un allevamento di zanzare biologiche, cioè un tipo di zanzara geneticamente modificata che non solo ti succhia il sangue, ma ti fa anche l'analisi.

Chi partecipa alle Universiadi?

Chi vuole.

Fiona May ti è piaciuta di più come attrice o come ballerina?

Sull'evoluzione della carriera artistica di Fiona May ho già avuto modo di prendere posizione nel mio saggio edito dal Mulino dal titolo *Le prospettive artistiche di Fiona May in relazione al tempo di cottura dell'uovo alla coque*, prefazione di Gianni Iapichino, pagine 2.618, euro 413. In sostanza la tesi che sostengo è questa: se tanto ci siamo disperati quando Fiona May ha abbandonato il salto in lungo, tanto saremo felici il giorno in cui ella abbandonerà la recitazione. Riguardo al ballo, preferisco avvalermi di una citazione di Brian & Garrison, che, intervistati dalla Bbc, hanno dichiarato: "Se dobbiamo rivedere ballare Fiona May, preferiamo una martellata forte sugli zebedei."

I tiratori possono sparare se portano le lenti a contatto?

Sì, tutti tranne Polifemo.

Perché tutti i piloti del Motomondiale per festeggiare la vittoria impennano?

Perché non lo possono fare in città, poiché avrebbero centoventicinquemila euro di multa, secondo l'articolo 47 del codice della strada, e in più gli toglierebbero quarantaquattro punti dalla patente del ciclomotore.

Qual è la filosofia della mezza maratona, corsa di ventun chilometri?

La filosofia della mezza maratona è quella del vorrei ma non posso; la filosofia di colui che vorrebbe uscire con Sharon Stone ma che si accontenta di Cesara Buonamici; la filosofia di chi vorrebbe comprare una Ferrari ma poi si accontenta della Fiat Punto Cabrio, by Tony Fassina; la filosofia di colui che vorrebbe scrivere come Carlo Emilio Gadda ma scrive appena un po' meglio di Giorgio Faletti; la filosofia di chi vorrebbe condurre il *Festival di Sanremo* ma si trova a condurre *Geo & Geo*. La filosofia infine di colui che vorrebbe comandare tutto il calcio italiano e poi cade sulle carte telefoniche svizzere. Insomma, correre la mezza maratona non ha alcun senso e se ce l'ha è solo perché tua moglie ti ha detto: "Dove vai?" E tu: "Vado a correre la maratona." Lei ti ha risposto: "Tu non me la conti giusta, tu esci con un'altra. Fra un'ora, al massimo un'ora e un quarto devi esser qui." È per questo che i più corrono la mezza maratona.

Secondo te come passano il tempo i velisti quando per l'assenza di vento non sono impegnati in regata?

Devi sapere che in assenza di vento i velisti vanno in crisi di astinenza e ognuno prende un phon e l'accende sulla faccia dell'altro esclamando in coro: "Ma non è mica vero che c'è bonaccia!"

A quale Gran Premio di Formula 1 vai più volentieri?

A quello del Bahrain perché sono sempre invitato dall'emiro Abdul Yussef Kamal il quale è talmente ricco che, per farti un'idea, sulla sua auto al posto dell'autoradio ha il bancomat. In realtà sono suo ospite perché, avendo lui centoventi mogli e avendo ormai un'età avanzata, riesce ad accontentarne solo una quarantina al giorno. Quindi per le altre cinquanta dovrei pensarci sempre io... Devo dirti che spesso mi capita di andare in Bahrain con la voglia di seguire il Gran Premio, ma purtroppo a causa di questa incombenza affidatami dallo sceicco vedo solo gli *highlights* nella mia suite imperiale, mentre una ventina di mogli dell'emiro si avvinghiano su di me e con la coda dell'occhio riesco a sbirciare chi è in pole position.

Quando pensi che l'Italia vincerà la prossima Coppa Davis?

Quando il tennis per motivi di ordine pubblico verrà vietato in tutto il mondo, tranne che in Italia.

Che cosa pensi dei record d'immersione in apnea?

Penso che uno che decide di spendere tutta la sua vita per andare sott'acqua a ottanta, cento, centocinquanta metri di profondità in apnea rischiando la vita ogni volta, ma soprattutto rischiando mentre scende di essere colpito sui denti da Enzo Bottesini (il fotografo famoso per aver cozzato contro Enzo Maiorca durante uno dei suoi record, passato alla storia per le imprecazioni del sub in diretta TV, *N.d.R.*), con l'unica soddisfazione di avere un piccolo servizio di cinque minuti a *Sfide* di Simona Ercolani, ecco, penso che quest'uomo sia pronto per dirigere l'Alitalia.

Qual è il punto più insidioso lungo il percorso della Milano-Sanremo?

Il punto più insidioso sul percorso della Milano-Sanremo è la trattoria-ristorante-pizzeria con forno a legna e a microonde e con la ricevitoria per il Totip di Gennaro Coriandolo detto "Puntina da disegno", che si trova tra la Cipressa e il Poggio. Devi sapere, caro lettore, che Gennaro Coriandolo era un promettente ciclista ma un giorno, durante una volata alla Tirreno-Adriatico, il suo treno sbagliò l'ingresso in una curva e lui volò dritto al terzo piano della casa che faceva angolo, ritrovandosi nella camera da letto di Mario Cipollini che proprio in quel momento si era appartato con le quattordici Miss Maglietta Bagnata raccattate sul Muretto di Alassio. Mario gliela giurò e, per vendicarsi, durante il tappone dolomitico del Giro d'Italia catturò uno stambecco e lo costrinse ad accoppiarsi con lo sventurato Gennaro, che da quel giorno non fu più in grado di sedersi su un sellino per ovvi motivi. Così l'ormai ex ciclista Coriandolo investì i suoi guadagni in migliaia e migliaia di puntine da disegno, che tiene nascoste nella dispensa della trattoria e, ogni volta che passa la Milano-Sanremo, le getta sull'asfalto provocando quel solito centinaio di foramenti che ogni anno impedisce al gruppone di arrivare compatto sul traguardo di Sanremo.

Perché in TV non trasmettono mai gare di canottaggio?

Perché quando si collegano con la gara di canottaggio, la gara di canottaggio è già finita.

Ma Contador al tour mangerà ancora bistecche?

No. Credo che farà come tutti gli altri: si farà dopare regolarmente.

Quale sport ti piace praticare di più in spiaggia?

In spiaggia lo sport che mi piace di più è la corsa delle biglie, però da quando è morto mio zio Agenore è molto più difficile da fare perché lui aveva un culo largo un metro e mezzo, quindi tirandolo sulla spiaggia veniva una pista larga quasi il doppio di Indianapolis. Adesso invece dobbiamo fare in un altro modo: abbiamo preso un vecchio elefante di Moira Orfei e per ora siamo riusciti a farlo sedere lì dove c'è il punto di partenza, ma per tirarlo stiamo aspettando che Bertolaso ci mandi un migliaio di uomini della Protezione Civile. Quindi, quando avrò finito la pista, caro lettore, ti saprò dire.

Hai mai praticato il birdwatching?

No, però sono stato oggetto di birdwatching. Vengono da me comitive di pullman, ma non entrerei in particolari.

A che cosa servono i lunghi nella pallacanestro?

Ci sono due scuole di pensiero: secondo una scuola filosofica che fa capo a Dan Peterson, i lunghi nella pallacanestro non servono a niente, se non a creare problemi all'Ikea quando deve ideare dei letti per le persone di altezza normale. L'Ikea ha calcolato che se non ci fossero i lunghi nella pallacanestro, venderebbe il 30 per cento di letti in più e questo tradotto in termini di macro economia significa che il prodotto interno lordo mondiale relativo alla falegnameria di base potrebbe aumentare del 4,8 per cento, con il conseguente incremento del tasso di rendita su base annua calcolato dalla Banca Centrale Europea, la quale, detto per inciso, è diretta da un cugino di Dirk Nowitzki. La seconda teoria fa capo a un cugino di Jack Galanda e dice che se non ci fossero i lunghi nessuno darebbe importanza ai corti e quindi anche uno come Bulleri sarebbe costretto a sbarcare il lunario facendo il bassista nei Cugini di Campagna.

Hai mai infilzato qualcuno con il giavellotto?
Sì, ma senza mai provocare lamentele, anzi...

Dove aveva la residenza fiscale Tazio Nuvolari?
Tazio Nuvolari aveva la residenza fiscale a Tavullia, proprio in una casa che era stata intestata a un vecchio zio di Valentino Rossi di nome Boris Capirossi. Boris aveva eletto a domicilio fiscale Gabicce Mare, che in quel periodo, essendo stata occupata dalle truppe di Hitler, figurava come un territorio non soggetto a prelievi fiscali. Per fartela breve, Tazio Nuvolari dichiarò al fisco durante la sua carriera 436.780 lire, mentre al fisco risulta che guadagnò 436.781 lire, il che portò all'arresto di Nuvolari. Allora Tazio dal carcere mandò un vhs al TG1, al TG5, al TG4, al TG3 regionale delle Marche e a Rete7, dichiarando che aveva frodato il fisco perché il Duce gli aveva promesso la banda larga.

Nel rugby che cosa succede durante la mischia?
Per risponderti ti rimando al documentario di Michael Moore dal titolo *What happens during the misk of rugby*, un lavoro di fortissima denuncia sociale. Moore ha scoperto

che durante le mischie nel rugby i giocatori, facendo finta di abbracciarsi, concordano in realtà grossi spostamenti di capitale da un emisfero all'altro, ma soprattutto si mettono d'accordo sull'importazione di kalashnikov che andranno a finanziare la guerriglia berbera in alcune zone del Ruanda e del Burundi. Inoltre, durante la mischia per qualche secondo si perdono le tracce della palla, che viene sostituita da un altro ovale. Quello che scompare fra le gambe dei giocatori è pieno di documenti compromettenti, che vanno dall'entrata in politica di Hillary Clinton allo scandalo dei mutui americani, fino alle note spese di Giampiero Galeazzi durante la finale di Federation Cup, che secondo Michael Moore avrebbe prodotto in sole ricevute fiscali dei ristoranti una cifra che equivale al doppio del prodotto interno lordo dello Zimbabwe.

Mi spieghi cos'è il pick and roll nel basket?

Pick and roll significa letteralmente "piglia la canna e rollala", ed è esattamente quello che fanno i giocatori di basket prima di fare il pick and roll, perché uno non si sognerebbe mai di fare il pick and roll senza prima essersi fumato una decina di canne. Che senso avrebbe infatti fare questa specie di balletto regionale sardo sulla lunetta senza mai tirare, al solo scopo di far dire a Flavio Tranquillo: "Ah, capperi, guarda un po', laggiù stanno facendo il pick and roll!"

Il ballo sportivo è una vera disciplina?

Caro lettore, qui siamo veramente sul crinale, perché se passa il ballo come disciplina sportiva, allora conviene gioco forza far rientrare nelle discipline sportive anche la morra, gli scacchi, il Subbuteo, il lancio delle figurine, il Sudoku, il quesito della Susi, rubamazzo, palla avvelenata, mosca cieca, ruba bandiera, un due tre stella, Napoleone dichiara guerra a..., lo schiaffo del soldato, il lancio del nano, leggere tutto un libro di Rosa Giannetta Alberoni, il Monopoli, l'Allegro chirurgo, il Risiko, Trivial Pursuit, rialzo, guardie e ladri e nascondino, mentre sarebbe ancora presto per considerare come vera e propria disciplina sportiva il *Gioca Jouer.*

Qual è il tuo primato personale sui cento metri?

Il mio primato personale sui cento metri è di 8"43. Lo feci su una pista di atletica in Messico, in altura: mentre ero ai blocchi di partenza da solo, dietro di me arrivò il famoso tornado El Nino, il quale mi inghiottì restituendomi oltre la fettuccia d'arrivo dopo 8"43. Il risultato non è mai stato omologato nonostante i miei svariati ricorsi alla Iaaf, la quale ha obiettato che avevo un vento a favore di quattrocentoventotto chilometri all'ora. Allora ho ripetuto la prova in assenza di vento dieci giorni fa sulla pista di Formia e mentre ti scrivo mancano quindici metri al traguardo.

Come si acquista la massima dimestichezza con il poker?

La massima dimestichezza con il poker si acquista in un solo modo: ascoltando al contrario tutti gli album di Pupo.

Hai mai fatto pubblicità con qualche sportivo famoso?

Sì, devo confessarti una cosa che mi ha amareggiato profondamente. Non so se hai presente gli spot della Gillette Fusion girati da Titì Henry, Tiger Woods e Roger Federer. Bene, io ero il quarto.

Sono mai esistite palline da tennis col pelo lungo?

Sì, ma furono abbandonate perché avevano problemi di forfora.

Hai mai arbitrato una partita di pallanuoto?

Dovevo arbitrare Pro Recco-Florentia nel gennaio '88. Ma l'acqua della piscina era completamente ghiacciata e feci un giro di ispezione con i due capitani Gianni De Magistris ed Eraldo Pizzo, detto il Caimano, facendo saltare il pallone sul ghiaccio. Siccome la palla rimbalzava, sospesi il match.

Secondo te l'hockey su ghiaccio è adatto alle donne?

L'hockey su ghiaccio è assolutamente inadatto alle donne. Tanto che nel famoso libro *Cento proverbi sulla donna nell'hockey su ghiaccio* (Helmut Schmalzl editore, 2 pagine, 58 euro, scritto dallo zio di Vittuone) si legge tra l'altro: "Donna col bastone, ti scende la pressione", "Donna sul ghiaccio è uguale ad Adele Faccio" e "Donna col dischetto, mai portarla a letto".

Perché il rugby non va alle Olimpiadi?

In realtà il rugby ci va, soltanto che non gli viene comunicata la sede delle Olimpiadi. È capitato ad esempio che il rugby andasse a Londra mentre le Olimpiadi si svolgevano a Seul. Più recentemente il rugby si è presentato alle Olimpiadi di Nairobi, mentre in realtà si svolgevano ad Atene. Ecco, se ci fosse un po' più di collaborazione fra il rugby e le Olimpiadi (basterebbe, dico io, una telefonata o una mail mandata per tempo), credo che il rugby avrebbe buone possibilità di approdare finalmente a un'Olimpiade.

Hai mai partecipato alla Parigi-Dakar?

Sì. Ho partecipato nell'anno 1984 con la mia Ritmo Diesel 1200 col tettuccio apribile, by Tony Fassina. Sono partito da Parigi e durante la prima tappa speciale in Africa, dopo pochi chilometri dal via, avevo appena superato una duna di sabbia quando trovai un enorme cancello con davanti un leone che mi fissava e mi resi conto che era la villa degli antifurti Faac. Allora capii che avevo sbagliato strada e mi diressi verso nord. A un certo punto, a circa quaranta chilometri dal Lago di Sambughet, mi fermai e chiesi a una persona di indicarmi la strada. Oh, non era mica il figlio di Gheddafi, che mi dice: “Faccia tutta la strada sterrata e a un certo punto c’è un semaforo. Lei prosegua dritto e trova un altro semaforo, al confine col Ghana, fa tutto il Ghana e quando arriva al confine con la Namibia giri a destra verso lo Zambia, a metà Zambia fa una lunga semicurva verso sinistra, in direzione Tanzania, e quando è a cinque chilometri dalla Tanzania le conviene chiedere.” Inutile dirti che non ho finito quell’edizione della Parigi-Dakar, però, arrivato al confine con il Kenya, davanti a un passaggio a livello, ho incontrato Zeudi Araya e in quei sei anni che siamo stati insieme abbiamo ripopolato il continente nero. Paraponziponzipò.

Porteresti tuo figlio a un incontro di wrestling?

Io no, però mi ci ha portato lui.

È un bene che nello sci alpino si usino attrezzi sempre più corti?

Secondo Mario Cotelli, l’ex allenatore della valanga azzurra, l’attrezzo più corto favorisce una minor incidenza del raggio d’impatto sulla neve, la quale fa sì che la massa portante dell'attrezzo riduca l'ampiezza di angolo a contatto con il ghiaccio favorendo una più giovevole... Purtroppo Cotelli non riuscì a terminare il suo enunciato perché due inservienti lo estrassero di peso dal vascone pieno di amaro Averna nel quale era finito poco prima di esporre la sua teoria. Secondo Pierino Gros, l'attrezzo più lungo conviene perché si arriva prima al traguardo. Secondo Gros, un atleta capace di sciare su due sci lunghi milleseicento-millesettecento metri ha buone probabilità di arrivare prima. Certo, con la spesa della sciolina se ne va tutto il bilancio della Fisi fino al 2026. Ma questi sono dettagli che non mi va di discutere qui perché ho un mio amico al citofono che mi aspetta per andare a caccia di renne con Kristian Ghedina. Vorrei infine farvi notare che, nonostante la domanda riguardasse le dimensioni dell'attrezzo, sono riuscito a esimermi da qualsivoglia doppio senso.

Tu sai giocare a golf?

Non solo so giocare, tanto che nella Bassa sono stato soprannominato Tiger Gnocks, ma ho recentemente vergato una vera e propria elegia del golf. Te ne anticipo un estratto: "Oh, quanto è bello in una mattina rugiadosa camminare per ore e ore nell'erba tagliata di fresco mentre il caddie fedele ti accompagna alla scoperta di nuovi sentieri dentro e fuori di te. Quanto è dolce, a un certo punto, nei pressi della diciassettesima buca, fuori dall'occhio indiscreto della pletora dei concorrenti, acquattarsi dietro un cespuglio, e lì col tuo caddie discutere animatamente di mazze e palline, fin quando il tuo caddie, con occhi di cerbiatto, ti confiderà che tu per lui sei quello che aveva sempre sognato: l'uomo con cui costruire una nuova, felice, radiosa esistenza quattro colpi sotto il par."

Nella tua famiglia ci sono mai stati dei piloni del rugby?

Sì, mia zia Cleonice.

Cosa ne pensi della moviola in campo nel tennis?

Sono favorevolissimo e sono lieto che l'Italia sia stata il primo paese nel mondo a sperimentare la novità. La moviola in campo è Potito Starace.

Hai mai corso una maratona?

Ho corso maratone di tutti i tipi, da quella di New York a quella di Carpi, e una volta ho corso (anche se non si può parlare di maratona) per quarantadue chilometri e centonovantacinque metri inseguito dal marito di una certa Marta che urlava cose che non ho voglia di riferire. Per cui posso dare consigli a chi volesse parteciparvi. La maratona va preparata per tempo, anche se quindici anni fa mio cugino Wilmer, che non aveva mai fatto un metro di corsa in vita sua, decise il 30 dicembre di partecipare alla maratona di San Silvestro in Brasile. Mentre scrivo la moglie non sa ancora niente di lui, anche se durante un TG3 regionale ha visto su un carro del carnevale di Rio una certa Carmelina Dolores Ipanema (detta Betoniera Sexual) che ballava col pettorale del marito.

Se permettete, vorrei dare alcuni consigli su come correre la maratona di Carpi. Uno: come correre sotto l'ora e venti minuti. Alzatevi di buon mattino e fate colazione con cereali, malto, luppolo, eolo e mammolo. Ingurgitate a volontà saccarosio e destrosio davanti a una vecchia foto di Nicolò Carosio. Prima del via, fate stretching legando le vostre caviglie a due mucche, alle quali avrete fatto vedere due sagome di toro in direzioni opposte. Dopo lo stretching, un bel lifting, e a questo punto siete pronti. Inforcate la vostra Moto Guzzi e partite alla volta di Carpi. Anche facendo le strade basse non ci metterete più di un'ora e venti. Due: come correre oltre le nove ore e venti minuti. Per correre la maratona di Carpi oltre le nove ore e venti minuti è necessario prima della partenza bere una mezza tazza di caffelatte accompagnata da un capretto al forno, un chilo e rotti di crauti, una trentina di boeri e due litri di cognac di quello usato per farcire le torte. Se siete in vista dell'arrivo e sono passate solo nove ore, prima degli ultimi cinquecento metri mangiate una porzione di fritto di calamari. Tre: come evitare fastidiose vesciche ai piedi. L'ideale sarebbe fare la maratona con le ciabattine infradito di quelle vinte coi punti del Mulino Bianco o con le pantofole da anziano dotate di cerniera sul collo del piede, che si trovano solo in determinate case di riposo sventrate dai bombardamenti. Se non si trovano queste calzature, è meglio addirittura non partire, e stare a casa coi piedi in una bacinella di acqua e sale. Altri comportamenti da evitare: a) partire nudi col pettorale come foglia di fico; b) usare come lepre un fagiano.

Preferisci sciare con i carving o con gli sci tradizionali?

Preferisco sciare con gli sci tradizionali perché non so cosa sono i carving.

Qual è il numero più difficile agli anelli, per un ginnasta?

Il numero più difficile per un ginnasta che pratica gli anelli è scendere. Questo perché quando ci si aggrappa agli anelli e si comincia a ballonzolare, ci si prende talmente gusto che non ci si vorrebbe più fermare. Se vi capita di passare di notte accanto a una palestra e vedete ancora la luce accesa è perché lì dentro c'è un ginnasta con gli anelli che continua a volteggiare, mentre i colleghi delle parallele e del cavallo con maniglie sono già a casa che dormono da un pezzo.

Come fanno i lanciatori del martello a non darselo in testa?

Per non darsi il martello in testa, i lanciatori del martello al momento del lancio, quando hanno già una velocità di rotazione pari al 75 per cento di quella ottimale, si fanno sostituire da un cugino che gli assomiglia molto e che ha imparato già da tempo a non darsi il martello in testa.

C'è un trucco per non cadere con i pattini da ghiaccio?

L'unico trucco per non cadere coi pattini è quello di presentarsi sul ghiaccio già lunghi e distesi e far finta di cercare una moneta da due euro o un orecchino. Non so se conviene, ma questi sono ca..i vostri.

Hai mai partecipato ai Campionati universitari?

Non solo ho partecipato ai Campionati universitari, ma nel 1979, col Cus Parma, sono diventato campione d'Italia, grazie al più grande caso di illecito sportivo mai perpetrato da mente umana. La nostra squadra era composta da bravissimi calciatori, ma quello che aveva il titolo di studio più qualificato era un certo Fanetti Emilio, al quale mancavano quattro anni per diventare sommelier. Vi cito solo un episodio. Centravanti giocava un certo Calosi, che non aveva frequentato alcuna scuola, e infatti aveva ricevuto l'ordine di non parlare mai. Purtroppo una volta, dopo aver subìto un fallo, si lanciò contro l'arbitro urlando: "Se tu non lo espulci, ti diressi che sei uno stronzo." Il campionato fu sospeso e il titolo revocato: quell'anno lo scudetto fu poi assegnato all'Inter.

Qual è la tennista che in campo urla più forte?

La tennista che in campo urla più forte è quella che becca una pallina nell'occhio.

Chi è stato il più grande pugile della storia?

Il più grande pugile della storia è stato Rino Tommasi, il quale non ha mai tirato un pugno in vita sua, ma basta che ti snoccioli una statistica qualunque e tu ti ritrovi steso al tappeto e non bastano trenta conteggi per tirarti su.

Hai mai praticato la pallanuoto?

La pallanuoto era lo sport preferito dai miei genitori che pretendevano che io la praticassi perché così non tornavo a casa tutto impolverato. Le partite di pallanuoto hanno però di brutto che devono cominciare almeno quattro ore dopo il pasto per via della digestione. O di più, quando si mangia l'anguilla in umido, perché lì bisogna aspettare il mattino dopo. Invece hanno di bello che sono molto rare le invasioni di campo.

Che cosa pensi del gioco delle bocce?

Il gioco delle bocce è fra i più praticati, ma non in montagna perché la boccia ha la tendenza a rotolare a valle. Il giocatore di bocce ha una tipologia particolare: esce di casa alle sette della mattina solo se la moglie lo lascia uscire. Se no, se ne sta in casa silenzioso a pensare alla partita che avrebbe potuto disputare. La caratteristica della boccia è che va dove la lanciano, ma preferirebbe stare nel cestino assieme alle altre bocce a interrogarsi sul suo destino. Una cosa bella è che quando le bocce sono ferme e si deve misurare la loro distanza dal pallino, in certi ambienti insonorizzati si può sentire il battito del cuore dei giocatori.

Essere un figlio d'arte, come Gallinari, è un vantaggio o uno svantaggio?

Non essendo mai stato figlio di Gallinari, non so proprio cosa rispondere.

Perché hanno tolto il Gran Premio di San Marino dal Mondiale di Formula 1?

Hanno tolto il GP di San Marino dal Mondiale 2007 perché gli organizzatori hanno perso la bandiera a scacchi e non sono più riusciti a ritrovarla.

Non dà fastidio giocare con il piercing come fanno alcune pallavoliste?

Giocare con il piercing può dare problemi sia al chiuso sia all'aperto. Al chiuso perché il piercing, realizzato con una lega particolare, può creare problemi con l'impianto elettrico dello stadio e interferire con le apparecchiature per le riprese TV. Per questo la Federazione internazionale ha emanato una normativa che impone a tutte le giocatrici con il piercing di scendere in campo avendo nei calzoncini una presa tripla per la messa a terra. All'aperto è stato dimostrato che il piercing attira i fulmini, tanto è vero che, recentemente, nel corso di una partita di beach volley, una giocatrice brasiliana, colpita da una saetta, ha scaricato l'elettricità sulla sua compagna. E da allora a una è venuta la voce di Marco Civoli, all'altra quella di Sandro Mazzola.

Come fanno a fermarsi i ciclisti su pista, visto che usano biciclette senza freni?

Per fermare i ciclisti su pista che non hanno freni è stato adottato un sistema molto semplice: lo starter dopo aver dato il via cambia le pallottole a salve con pallottole vere.

Parteciperai alle Olimpiadi degli scacchi?

Certamente. In qualità di cavallo bianco. Sono già otto settimane che mi muovo a L e mia moglie si lamenta perché non riesce a spostarmi sulla scacchiera e le rigo tutto il parquet.

L'Emilia Romagna produrrà un altro fenomeno dello sci come Alberto Tomba?

Sarà molto difficile che l'Emilia Romagna possa produrre un altro fenomeno dello sci come Alberto Tomba. Lo dico perché mi sono documentato: ho fatto un censimento e dei provini in tutta l'Emilia Romagna, da Cesena a Piacenza, e non ho trovato uno che possa recitare peggio di come ha fatto Alberto Tomba in *Alex l'ariete*. Nonostante questo non mi sono perso d'animo e ho chiesto a tutti di fare prove ulteriori, come lanciare una coppa in testa a un fotografo facendolo sanguinare e nessuno c'è riuscito. Devo dire però che alla terza prova ho trovato uno che è al pari di Alberto Tomba. Si chiama Wilner Fraccapani, anche lui di Sestola, ed è riuscito nello stesso tempo di Tomba a falsificare il suo passaporto (anche se poi è stato scoperto perché ha scritto Fraccccapani con quattro "c") e a piratare la Fidaty Card dell'Esselunga. Ero quasi convinto di avere trovato l'erede di Tomba, però una volta portatolo sulle piste dell'Abetone, durante uno slalom speciale, il Fraccapani ha visto un orso bruno, si è fermato, gli ha chiesto il numero di telefono e siccome da cosa nasce cosa... ora il Fraccapani vive con l'orsa Wanda allo zoo di Berlino *more uxorio*.

Perché le donne pilota non trovano ancora un posto in Formula 1?

Perché purtroppo al momento della partenza perdono del tempo a guardarsi nello specchietto retrovisore per controllare se rossetto e mascara sono a posto.

Nel polo conta più il fantino o il cavallo?

Questa è una questione vecchia come il mondo, cioè ha all'incirca otto miliardi di anni. Il primo a porsi questa domanda fu Tucidide nel 432 a.C., nel suo *De rerum equinensis fantinorum*, in cui riferisce di come una mattina, svegliandosi, si mise subito al tavolino ponendosi la domanda in questione. Ma, accortosi che il polo non era ancora stato inventato, riferisce anche che tornò subito a letto. Dovevano passare altri due mesi prima che Aristotele coniasse il famoso sillogismo aristotelico: "Io sono un fantino, i fantini vanno a cavallo, io sono un cavallo." In seguito a questo sillogismo, Aristotele fu cooptato nella Lega Calcio, e a lui furono affidati, per tenerlo buono, tutti i diritti del digitale terrestre. Che ancora detiene. Comunque, da quel che ne so io, anche per aver chiesto in giro a Fidenza, dove il 94 per cento della popolazione pratica il polo, fantino e cavallo rivestono un'importanza equipollente. E questo perché ci tenevo a utilizzare l'aggettivo equipollente.

Come si pratica la cosiddetta ginnastica svedese?

La ginnastica svedese è uguale alla ginnastica italiana, ma va tassativamente fatta in Svezia. Quindi tu, tutte le mattine, ti prendi il tuo bel trenino Milano-Cadorna-Göteborg, che tra l'altro è scomodo perché devi cambiare a Saronno e poi a Portogruaro, e ti rechi in Svezia. Questo incide notevolmente sui costi, e ha fatto sì che la ginnastica svedese in Italia non sia poi così largamente diffusa.

Volendo a tutti i costi praticare la ginnastica svedese in Italia, è comunque possibile acquistare un armadio Ikea a sei ante e tentare di montarlo con il solo ausilio di una brugola del 12 e delle istruzioni in svedese fornite dalla casa madre.

Hai partecipato ai Mondiali di poker di Las Vegas?

Non ho potuto partecipare ai Mondiali di poker di Las Vegas perché arrivato là mi hanno scambiato per Elvis Presley e ho dovuto cantare per tutta la notte *Are You Lonesome Tonight* davanti a un McDonald's.

Quanto può rimanere in aria un deltaplano?

Il deltaplano è un mezzo cui basta pochissimo vento per restare in aria, anche una bava. Inoltre, è talmente sicuro e alla portata di tutti che molti, volendo allontanarsi dalla famiglia, escono con la scusa delle sigarette, ma in realtà fuori dal portone di casa c'è un amico che li aspetta col deltaplano. E da lì in poi non se ne hanno più notizie. Il rovescio della medaglia è che se col deltaplano è facilissimo alzarsi in volo, molto più difficile è atterrare. Un metodo diffuso è quello di aver acquistato, durante una precedente vacanza in Argentina, un *lazo* o delle *bolas*, che servono, in caso di necessità, ad agganciarsi a un campanile. Oppure, in mancanza di esso, ad altre strutture fisse tipo lo chignon di Moira Orfei. Per chi fosse poco pratico di *lazo*, c'è un altro sistema di atterraggio: si può chiedere a un aereo di linea di avvicinarsi e da lì farsi lanciare, afferrandola al volo, un'enorme palla di piombo che vi porta giù in sette secondi netti. Se anche la palla di piombo non fosse disponibile, non resta che sganciarsi dal deltaplano e lasciarsi cadere, avendo però cura di aver affittato in precedenza alcuni lavoratori interinali, meglio se pachistani, disposti a seguire il vostro volo da terra tenendo teso un enorme lenzuolo. In questo caso, assicuratevi che questi lavoratori non siano dei co.co.co. perché a Guido Bagatta, fanatico del deltaplano, è capitato che il contratto dei suoi assistenti scadesse proprio un attimo prima che lui toccasse terra. E da quel giorno è intronato come lo vedete.

Hai mai giocato a briscola?

Gioco spesso a briscola perché seguo ancora le indicazioni di mia madre, che vuole che faccia giochi dove non si suda. Sono talmente appassionato che gioco a briscola fino a quando mia moglie non viene a prendermi. La briscola ha delle caratteristiche ben precise: in primo luogo le coppie di briscola raramente vanno a letto insieme; in secondo luogo, i segni che si fanno giocando a briscola non sono validi per la vita di tutti i giorni e chi smette di giocare a briscola di solito diventa cocainomane. La briscola è stata scoperta nel 1876 in un bar di Carpi dalla moglie di uno dei giocatori che, tornando a casa dalla madre piangendo le ha detto: "È ancora là coi sui amici che gioca a briscola."

Tu giochi a tennis?

Giocavo a tennis, ma ho smesso perché la sfortuna mi perseguitava. Pensa che una volta, al Roland Garros di Parigi, stavo per battere Federer ed è finita l'ora.

Alle medie partecipavi ai Giochi della Gioventù?

Sì, ero obbligato a partecipare da mio padre, precisamente alla corsa campestre. Questo perché la corsa campestre si svolgeva sul percorso Fidenza-Chiasso e mio padre, che per mantenerci faceva il contrabbandiere, camuffava una gerla piena di sigarette da numero di pettorale, poi me la faceva indossare e mi costringeva a correre fino a Chiasso, superando il traguardo di quel centinaio di metri che permetteva la consegna del materiale. Smisi quando mio padre cominciò a fare contrabbando di extracomunitari. Il primo anno provai anche, portandomi sulle spalle un albanese di nome Enver Pacolljs, ma il tempo finale ne risentì irrimediabilmente. Ancora oggi i Giochi della Gioventù mi piacciono così tanto che quando ho un minuto di tempo li organizzo, li inauguro e ne dichiaro la chiusura. Ha detto dei Giochi della Gioventù il filosofo francese Pasqual Dominguez: "*Le jeux de la joventù son fait, rien ne va plus.*"

Qual è l'atto più bello della pallavolo?

L'atto più bello della pallavolo femminile è quando una

pallavolista che hai corteggiato per tanto tempo finalmente ti sorride e ti dice: “Dài, vieni su da me che facciamo una veloce.” L’atto più bello della pallavolo maschile, invece, è quando ti dicono: “E anche questa è finita. Adesso andiamo a vedere una partita di pallavolo femminile.”

Come si calcola il tempo di reazione di un centometrista?

Il tempo di reazione del centometrista viene calcolato in base al celebre teorema di Rolex secondo cui se tre o al massimo quattro secondi dopo lo sparo il centometrista è ancora lì, significa che è stato colpito dallo starter. In altri casi il tempo di reazione viene invece calcolato secondo l’altrettanto famoso teorema del Ris di Parma secondo cui se sui blocchi c’è l’avvocato Carlo Taormina, è molto più facile che la partenza sia falsa.

Che cosa pensi del gioco del Monopoli?

Prima di essere un gioco in scatola, il Monopoli veniva venduto sfuso. La sensazione che dà il Monopoli è che, dopo averci giocato, pensi che ogni cosa, pagando coi soldi del Monopoli, possa essere tua. E quindi crea un pericoloso senso di dipendenza. Certe tribù dell’Africa non conoscono l’esistenza del Monopoli, ma parlando con loro si sente che qualcosa gli manca, soprattutto la sera quando di fuori si sente il verso cupo della iena portato dal vento.

I combattimenti di wrestling sono veri o taroccati?

Direi taroccati. Nel wrestling infatti vige una famosa regola non scritta: "*Why really injure himselves when a little bit of fake blood and two random screamed bullshits are enough to convince the crowd not only to spend 30 bucks to enter but even to buy a T-shirt, and then to return house so angry for the fregature to throw the wife outside of the window with a move learned there?*" Che significa poi: "Perché farsi male davvero quando bastano un po' di sangue finto e due stronzate urlate a casaccio che uno spettatore non solo caccia 30 euro ma si compra pure la T-shirt e poi torna a casa così imbufalito della fregatura che prende la moglie con una mossa che ha imparato lì e la getta davvero dalla finestra del bagno?"

Hai mai provato a praticare il rafting sul Po?

Intanto credo sia corretto dire che cos'è il rafting. Il rafting non può purtroppo essere ancora considerato un lavoro perché alla Camera di commercio di Sondrio, che è competente per il rafting e i gommoni in genere, non è ancora stato istituito l'albo dei rafter. Per diventare rafter è comunque necessario un concorso statale, che però prevede un numero chiuso come per i notai. Quindi colui che pratica il rafting dev'essere figlio di un rafter e di un notaio o nipote di Gustavo Selva. In più c'è una norma molto restrittiva secondo cui il rafter deve risultare titolare del corso d'acqua dove si pratica il rafting, e questo restringe di molto il numero dei rafter. Non va poi dimenticato che il rafting non è sport olimpico e mai lo sarà, e questo perché il barone de Coubertin nel famoso trattato di Albertville scrisse quanto segue: “Se vi azzardate a mettere il rafting tra le discipline olimpiche, io vi cancello i nomi dalla targhetta del citofono.” Comunque, per tornare alla tua domanda, praticare il rafting sul Po si può, ma solo nella zona di Cremona. E siccome io sto a Fidenza, chi me lo fa fare di andare fino a Cremona quando posso trascorrere i pomeriggi guardando su Espn classic una replica di Inter-Verona dell’87, quando Tricella aveva ancora i capelli?

Perché sempre meno tennisti usano il racchettone?

Secondo il professor Angelo Lombardi, esperto di fisica applicata all’Università “Kangaroo delight” di Melbourne, il piatto corda del racchettone ha un’incidenza nell’impatto con la palla di 0,3 mega ampere, con una perdita secca rispetto all’ovale tradizionale. E se si somma la avulsione creata dall’impatto tra la pallina e il budello di bue della decima corda, si ottiene un angolo di rifrazione pari all’80 per cento del calcolo di Grbic. Quindi o si prende Lombardi e gli si dà ragione o lo si porta alla “Clinica per malattie nervose derivanti dal tennis Paolino Canè”. Inoltre con la racchetta normale c’è più spazio nella borsa.

Quanto può pesare un lottatore di sumo?

Non c'è una regola precisa. Il peso del lottatore di sumo varia in funzione delle caratteristiche che il sumo ha acquisito negli anni. Inizialmente infatti il sumo era praticato da atleti che non superavano i venticinque chili e si dedicavano al sumo perché dopo l'orario di lavoro gli rimaneva del tempo libero. A un bel momento, però, in Giappone vennero introdotte le merendine Mars e il peso dei lottatori di sumo aumentò considerevolmente. Ancora oggi, infatti, l'unica sostanza dopante consentita nel sumo è il caramello mou. Per cui oggi un lottatore di sumo può raggiungere il peso di novecento chilogrammi che comunque se ben distribuiti non si notano poi tanto, anche perché in fondo ciò che distingue un uomo da un lottatore di sumo è la propensione a un ragionamento pacato e senza preconcetti.

Riuscirà Tiger Woods a tornare quello di prima?

Con l'aiuto di Cialis e Viagra, sì.

Sai qualcosa della nuova Ferrari?

L'unica cosa che so è che sul cruscotto di tutte le monoposto rosse ci sarà l'immagine di Padre Pio con la scritta: "Correte un po' più forte e non pensate a me."

Hai mai cercato di entrare nel Guinness dei primati?

Caro amico, trovo questa domanda semplicemente offensiva. Questo perché io sono l'unico italiano citato nel Guinness più volte. Per tamponare in qualche modo la tua crassa ignoranza ti citerò soltanto alcuni primati che attualmente detengo, caro il mio pischello. Attualmente sono recordman mondiale di abigeato in Molise, titolo che ho meritato rubando un gregge di 17.000 pecore col vecchio trucco di fingermi Luciano Benetton. Inoltre ho conquistato l'anno scorso il primato di emissione di assegni scoperti della banca Antonveneta, che sono riuscito a stabilire utilizzando un carnet già scoperto di suo precedentemente appartenuto al governatore Fazio. Infine, sono anche primatista mondiale di salto della rata del mutuo, primato che ho fatto mio grazie all'amico Ennio Doris di Banca Mediolanum, il quale mi ha permesso di accendere mutui per diciotto milioni di euro, che tanto poi facciamo a metà.

In quanti si può giocare a scacchi?

Teoricamente il gioco degli scacchi può avere un numero infinito di partecipanti. Questo perché il gioco in sé prevede talmente tante possibilità combinatorie che uno da solo non riesce a starci dietro. Anche giocatori famosi come Fischer, Spassky, Kasparov, Karpov, Kafka e Cafu hanno dovuto a un certo punto, quasi sempre prestissimo, chiamare a coadiuvarli un numero X di persone che li aiutassero a decidere la mossa migliore in tempi ragionevoli. Fino al 1972, infatti, la Federazione Internazionale Regolamento Ufficiale E Sistematico Per il Gioco Degli Scacchi All'Aperto Ma Anche Sotto Tettoia (FIRUESPIGDSAAMAST) non aveva incoscientemente introdotto un tempo limite per comunicare all'avversario e allo scarso pubblico la mossa successiva. Il problema si pose durante una partita tra Joseph Conrad e quello col clacson dei fratelli Marx che, cominciata il 12 febbraio 1946, non è ancora terminata perché si gioca con le vecchie regole. Nel frattempo sia Conrad che quello col clacson dei fratelli Marx sono morti. Si è perciò aperta una disputa legale tra gli eredi su chi debba continuare la partita, anche perché la famiglia Conrad non sembra particolarmente ferrata in materia, come dimostra il fatto che, durante la più recente sessione di gioco, ha messo un cavallo sulla regina urlando a squarciagola: "Ho fatto damoooneee!" Da allora il giocatore di scacchi ha a disposizione per ogni mossa un tempo limite calcolato secondo un semplice algoritmo: durata media di partita fratto numero degli spettatori presenti moltiplicato per gli spettatori di Rai Sport Satellite meno gli spettatori di Rai Sport Satellite che lo stanno guardando perché aspettano *A tutta D* con Maurizio Colantoni. In definitiva, si può dire che per il gioco degli scacchi attualmente vale la seguente regola: "Ma la dama non dovevi portarla tu?"

Che cosa pensi della lotta nel fango?

La lotta nel fango è praticata da persone che hanno risolto a monte il problema di chi sta a casa e lava la roba. È capitato infatti che grandissimi lottatori nel fango non abbiano avuto la carriera che si meritavano perché frenati psicologicamente dal pensiero di doversi personalmente lavare il costume finita la gara. Emblematico il caso di Jimmy La Mota, che fu campione del mondo di lotta nel fango finché non morì sua madre che gli lavava la roba. Non è raro il caso che il lottatore nel fango si sposi con una lottatrice nel fango, l'unica persona in grado di capire i suoi problemi.

Il golf è uno sport distensivo?

La domanda capita a fagiolo perché mio papà è stato per quattro anni caddie di Winston Churchill, che ha seguito perfino durante un campionato del mondo durante la Seconda guerra mondiale, campionato che poi fu sospeso perché a causa dei bombardamenti c'erano troppe buche sul percorso e non si capiva dove si dovesse infilare quella dannata pallina. Io stesso sono iscritto al circolo golfistico Adriano Pappalardo di Fidenza, e gioco a golf mediamente otto-dodici giorni alla settimana. Il golf nasce storicamente nel 1924 e prende il nome dal suo inventore John Golf, che, possedendo quindici chilometri di prato e una talpa addomesticata, le disse: "Vedi un po' di farmi diciotto buche." La talpa gli chiese perché proprio diciotto, e lui rispose: "Così starai via per un po'." Come molti di voi avranno già notato, si tratta dello stesso episodio che ha dato il via alla saga del *Signore degli Anelli.* John Golf tra l'altro non si limitò a creare questo fantastico sport, ma diede vita all'auto che porta il suo nome, mentre si deve a suo figlio minore, John Golf junior, l'invenzione del golfino di lana. Il golf è uno sport particolarmente distensivo perché per praticarlo occorre possedere un patrimonio valutato intorno ai quindici milioni di euro, ed è stato provato scientificamente che quando uno ha quindici milioni di euro, se non li ha investiti in bond Parmalat, di solito è piuttosto sereno. Sul golf si è detto tutto e il contrario di tutto, ma vale la pena ricordare la definizione che ne diede Piero Angela: "Se va avanti così, mi sa che piove."

Vorrei intraprendere la corsa campestre. Cosa mi consigli?

La corsa campestre, secondo me, presenta alcuni risvolti positivi, alcuni risvolti negativi e alcuni risvolti né positivi, né negativi. Mentre, per taluni, la corsa campestre è uno sport totalmente privo di risvolti. Come prima cosa, direi che la corsa campestre è più facile simularla che farla. Per simulare la corsa campestre è sufficiente dotare la propria cameretta di un ciclorama professionale che potete facilmente reperire in un qualunque Ciclorama Point al modico prezzo di centosettantamila euro. Sul ciclorama farete scorrere panorami a vostra scelta, o anche una videocassetta di *Mezzanotte e dintorni* per simulare anche il sottile piacere che si prova a scappare da Marzullo. Una volta acceso il ciclorama, potete coricarvi sul letto e far partire le immagini pensando intensamente di muovere velocemente le gambe. In una sola mattinata potrete simulare di perdere 1.200 calorie. Per ottenere un effetto più realistico potete anche assoldare un amico che ogni dieci minuti vi tira una secchiata di fango e vi urla "Dài, che stai andando bene!" mentre, con un piccolo sovrapprezzo di quindicimila euro al mese, quelli del ciclorama vi affittano anche uno vestito da corsa campestre che vi dice: "Fì, oggi andavi così forte che non sono riuscito a starti dietro."

Ti intendi di boxe thailandese?

Di boxe thailandese credevo come tanti di intendermene finché non ho incontrato durante un viaggio in treno un thailandese che aveva scritto un libro sulla boxe thailandese. Nel libro, che è scritto in thailandese, si legge ad esempio "*chan yaak suu phat kwaytiaw polamay kanom phang*" e anche "*phom choop thaan ahaan mangsawirat maak kwaa*", il che mi ha fatto capire quanto tutti noi saremo ignoranti in fatto di boxe thailandese fin quando non ci saremo fatti carico della storia thailandese, della cultura thailandese e non avremo considerato la Thailandia come se fosse la nostra patria. È un bell'impegno, lo so. Ma ne vale la pena.

Per te la Formula 1 è noiosa?

No. Per me la Formula 1 è eccitante come una notte di dicembre passata al freddo davanti a un'edicola aspettando che esca la prima copia del "Foglio".

Segui le regate di vela?

A casa mia siamo tutti appassionati di vela, a tal punto che mio figlio si è fidanzato con Mauro Pelaschier, anche se, dopo un legame durato due anni, Mauro l'ha lasciato per un velista di Gallipoli: Massimo D'Alema. La vela mi piace così tanto che nel giardino di casa mia ho fatto ricostruire il Lago di Garda a grandezza naturale, però col microclima di Auckland. Questo grazie a dieci vecchie gallerie del vento che usava Montezemolo per phonarsi i capelli, e che danno un effetto permanente di mistral sullo specchio d'acqua, scongiurando la bonaccia. La mattina presto mi alzo, metto in funzione le gallerie che provocano il vento e faccio una regata con la mia barca: il Culatello I. Di solito però dopo cinque minuti sono costretto a smettere perché arriva il ministro Castelli col suo Valavuràbarbùn III e sostiene che, essendo in Padania, il Lago di Garda è suo e può tamponare chi vuole. Dopo l'incidente torno a casa e mi metto a guardare la puntata più bella di *Velisti per caso*, quella in cui andarono a Canazei.

Da bambino quali poster di sportivi avevi in camera tua?

Da bambino ero talmente povero che non avevo una camera mia.

Che cosa pensi del biliardo?

Oggi il biliardo non è più tanto popolare perché la maggior parte delle partite viene sospesa per nebbia a causa del fumo che c'è nel bar, che impedisce ai giocatori di vedere sia i birilli sia le buche in fondo al biliardo. Il biliardo si divide in due grandi categorie: stecca e boccette. La stecca è giocata secondo regole ben precise, semplici, che tra l'altro proprio "La Gazzetta dello Sport" allegherà dalla prossima settimana in 1.780 fascicoli, contenenti in omaggio un kit per costruirsi il biliardo, la pratica bustina con gli omini e un anziano arbitro di biliardo provvisto di camicia bianca, papillon e capelli tirati all'indietro. Le boccette, invece, sono ancora più semplici, e a parte la Goriziana – che prevede novemilaquattrocento partecipanti e viene solitamente giocata in bar grandi come quattro o cinque outlet messi insieme – sono alla portata davvero di tutti: è sufficiente avere un gilet, a righe ma anche damascato, e chiunque ti scambia per un giocatore vero. L'arbitro delle gare di biliardo è una figura misteriosa: solitamente viene da Castiglione dei Pepoli, appare appena prima della gara, scompare appena viene segnato l'ultimo punto ed è particolarmente gioviale. A chi gli chiede come va la partita, infatti, è solito rispondere: “Va ben a cagher.” Una cosa poco nota del biliardo è che quasi tutti i giocatori soffrono di disfunzioni sessuali: questo perché per piazzare i birilli sono costretti a piegarsi verso il centro del tavolo sfregando il pube contro il bordo del biliardo. Questo movimento reiterato provoca una certa consunzione. Il biliardo è giocato soprattutto da persone che hanno la moglie che li lascia giocare.

Cosa puoi dirmi dello squash?

Lo squash è stato inventato in Giappone da Tsumiro Tavaroji, che avendo traslocato da un monolocale di Tokyo a un bilocale di Osaka, si trovò con questa stanzetta in più e disse: “La userò per lo squash.” Gli studiosi di squash di tutto il mondo sono divisi in due categorie: quelli che dicono che lo squash è la versione in piccolo del tennis e quelli che dicono che lo squash è la versione in grande del ping-pong. Il tipico giocatore di squash, secondo un’analisi del Censis, ha tra i trentacinque anni e i trentacinque anni e mezzo, parla correntemente lo sloveno, è laureato in Lettere con specializzazione in Glottologia ed è considerato dagli amici “quel pirlone che gioca sempre a squash”. Lo squash è scientificamente strutturato perché, quando la pallina in caucciù si è scaldata, rimbalza decentemente ed è perfetta per la partita, è finita l’ora. Per questo non è difficile riconoscere il giocatore di squash in metropolitana: è quello con la sacca da squash e l’espressione rabbuiata.

Quali sono le tecniche di base del sumo?

Questa domanda non mi stupisce perché il sumo sta diventando lo sport più praticato in Italia, ha ormai superato il calcio e si può parlare a buona ragione di una vera e propria sumo mania. Diventare atleti di sumo è abbastanza semplice: è sufficiente seguire una dieta ferrea che ti consenta di raggiungere i trecento chili di peso, e per arrivarci è sufficiente mangiare da McDonald's quindici volte al giorno. A questo punto, il più è fatto. Non resta che annodarsi i capelli all'indietro dopo averli stirati con Grafic di Garnier, fermarli col bastoncino del Chicken McNuggets, e indossare le tipiche mutande da sumo che potete ottenere facilmente arrotolando una tovaglia bianca attorno ai fianchi. Infine, se non avete le risorse economiche per ricorrere al chirurgo plastico che ha reso gli occhi di Eva Grimaldi a mandorla, potete ottenere lo stesso effetto orientale tirando la pelle dietro le orecchie e fermandola con due grosse mollette da bucato. Ora non resta che ungersi con un misto di margarina, olio Paraflu e una goccia di estratto dei capelli di Marzullo, e sarete pronti per il combattimento. Le tecniche del sumo sono una: si prende l'altro a panciate finché uno dei due non vomita la trippa. Ha detto del sumo Giorgio Tosatti: "Be', se vi va male col sumo, potete sempre condurre *La Domenica Sportiva* insieme a Franco Lauro."

Cosa si deve fare per diventare paracadutisti?

Il paracadutismo è uno sport facilmente praticabile da chiunque perché l'attrezzatura è alla portata di tutti: basta avere un paracadute, un aereo privato capace di portarti in quota, un amico pilota, un altro amico che venga su con te e ti butti giù con una forte pacca quando ci hai ripensato e ti stai cagando sotto, e la proprietà di tutto il territorio circostante per evitare le rimostranze dei contadini locali una volta atterrato. Le prime tracce del paracadutismo si trovano già nel 38 a.C., ma questa disciplina non ebbe il successo che meritava perché non c'erano ancora gli aerei e i praticanti erano costretti a usare un'aquila in affitto che però non riusciva a portare paracadutisti oltre i venti chili. Per questo i primi parà erano tutti di età inferiore ai tre anni. Ma l'invenzione del paracadutismo moderno si deve a Leonardo, che inventò il paracadutista. Oggi il paracadutismo si divide in caduta libera e lanci di precisione. Nel primo caso, il paracadutista si lancia e cerca di aprire il paracadute il più tardi possibile: non sempre chi vince può raccontarlo agli amici. I lanci di precisione consistono, invece, nel gettarsi e centrare un obiettivo a terra, che solitamente è rappresentato da una coppietta che si era da poco appartata in un prato della zona, aveva quasi finito i preliminari e non poteva immaginare che gli sarebbe entrato un rompicoglioni dal tettuccio apribile. È gravemente fuorviante la tesi secondo la quale nel paracadutismo rinunciare al paracadute non fa poi 'sta gran differenza.

Perché non parli mai di hockey su pista?

Per ripicca. Non parlo mai di hockey su pista perché l'hockey su pista non ha mai parlato di me.

Come si assegnano i punti nel decathlon?

Il decathlon è una delle discipline più seguite ai Giochi olimpici, tanto che non di rado c'è più gente in pista che in tribuna. Peraltro, gli orari sono spesso penalizzanti, e non è raro per un decathleta essere svegliato in piena notte da una telefonata anonima che gli intima di recarsi allo stadio per sostenere le eliminatorie del salto triplo. L'invenzione del decathlon si deve a Johnny Decathlon, che in una giornata in cui gli era saltato un appuntamento di lavoro, e si trovava con tutto il pomeriggio libero, inventò il decathlon. Ai suoi cugini Billy Eptathlon e Jimmy Triathlon si deve, invece, l'invenzione del cavallo con maniglie. Calcolare il punteggio del decathlon è un gioco da ragazzi, tanto che di solito viene affidato a Carlo Rubbia. Se Rubbia non può, solitamente chiamano Rocco Casalino del Grande Fratello 1. A ogni prova corrisponde un punteggio. Per esempio, nei cento metri il 10"50 equivale a 980 punti. Nel salto in alto, la misura di due metri equivale a 350 punti, ma se per superarla utilizzate un cavallo che salta lui per voi, alla Fosbury, i punti sono 349. Se, invece, la stessa misura la saltate con l'aiuto di un materassino elastico, i punti sono 8. Nel salto con l'asta la variabile non è soltanto la misura, ma anche la lunghezza dell'asta, il vento a favore, i decibel prodotti dal pubblico per incitarvi e se avete o no la tenia. La prova regina resta, comunque, quella dei millecinquecento metri, che chiude le gare ed è talmente temuta dai decathleti che spesso viene corsa con un'Ape Piaggio. Una curiosità: recentemente l'Alitalia, sponsor di tutte le manifestazioni di decathlon, ha deciso che i punti raccolti in gara possono essere commutati in miglia per viaggi gratuiti. Per questo non stupitevi se in aereo vi troverete a fianco un pennellone in canotta e pantaloncini con un giavellotto in mano.

Qual è la differenza tra aikido e kendo?

Le differenze tra aikido e kendo sono sostanzialmente quarantasette e sono differenze così palesi che non mi pare il caso di stare qui a rimarcarle, a meno che la domanda non sottenda un'intenzione più subdola, un voler parlare a nuora perché suocera intenda. Se così fosse, mi limiterò a evidenziare solo venticinque delle quarantasette differenze sostanziali. La prima è che nel kendo c'è la spada e nell'aikido no. La seconda è che nell'aikido non c'è la spada e nel kendo sì. La terza è che chi pratica il kendo utilizza la spada e chi pratica l'aikido no. La quarta è che siccome Uma Thurman, protagonista del film *Kill Bill*, usava la spada, possiamo asserire che praticava il kendo e non l'aikido. Per le altre ventun differenze vi rimando a "Sportweek", "Speciale Aikido e Kendo", l'inserto di 418 pagine da me personalmente curato, che sarà in edicola la prossima settimana in due versioni: con la spada in omaggio per praticare il kendo e senza spada per praticare l'aikido.

Hai mai tentato il record dell'ora?

Sì, ho provato il record dell'ora in bici. Ricordo benissimo che ero al velodromo Vigorelli di Milano e che stavo per battere il primato dell'allora detentore Moser, ma purtroppo fui talmente sfigato che proprio in quel momento entrò in vigore l'ora legale.

Che cos'è l'orienteering?

Sono particolarmente lieto per questa domanda perché arriva a consacrare quello che, secondo ambienti solitamente ben informati, è lo sport destinato in breve tempo a soppiantare il calcio nel cuore degli italiani, tanto che oggi a ragion veduta si può ormai parlare di un'autentica orienteering mania. Non è un caso che proprio in questi giorni la Panini abbia lanciato il nuovo album completo di campioni dell'orienteering, che attualmente consta di due fotografie della stessa persona, davanti e di profilo. L'orienteering, per i pochi che non lo sapessero, consiste in questo: si abbandona un soggetto, preferibilmente la suocera, in una foresta amazzonica a caso. Poi si va via quatti quatti e non ci si fa più sentire per un bel pezzo. Nel frattempo il concorrente deve trovare da solo la strada di casa. Secondo uno studio del professor Alvin Seghelini, ordinario di Psicopatologia motoria alla "Bruno Pizzul University" di Reno, nel Nevada, quasi tutte le popolazioni aborigene sono in realtà concorrenti di orienteering che non sono riusciti a vincere. I campioni del mondo in carica di orienteering sono i formidabili svizzeri che, non possedendo foreste equatoriali, vengono abbandonati nei caveau delle banche, e generalmente riescono in un batter d'occhio a trovare la strada più breve per arrivare alle Isole Cayman.

Perché nel basket non c'è il fuorigioco?

Nel basket non c'è più il fuorigioco da quando Filippo Inzaghi ha smesso di giocare a basket.

Sento spesso parlare di stile Fosbury. Cosa vuol dire?

Lo stile Fosbury deve il nome al suo inventore: Mike Jones. Si tratta di un metodo per lo scavalcamento dell'asticella nel salto in alto, e fu introdotto alle Olimpiadi di Città del Messico nel 1968. Fino a quel giorno, i saltatori utilizzavano metodi diversi, quasi tutti pensati per aggirare il regolamento. L'italiano Steve Orfei, per esempio, fu primatista mondiale nel 1952 con la misura di 15,71 metri fino a quando non scoprirono che nel cespuglio dal quale l'atleta si faceva sparare era nascosto un cannone scippato al circo dello zio Nando (peraltro completamente all'oscuro della manovra). Il russo Alexiei Boiakan era, invece, riuscito a inserire nelle scarpette delle speciali molle sottratte al "Centro sperimentale Giorgio Mastrota" della Eminflex. Fu scoperto dopo aver perso il controllo delle scarpe, mentre saltava come un cretino nel parcheggio di un ipermercato. Il caso più clamoroso, però, resta forse quello della nazionale australiana, che ai Giochi olimpici di Atlanta camuffò abilmente da atleta un canguro. Il simpatico animale venne smascherato perché fu l'unico a risultare negativo all'antidoping.

Come vengono scelti i percorsi della canoa?

Mi stupisce questa domanda perché chiunque ormai dovrebbe avere capito gli elementari criteri che presiedono alla scelta dei percorsi della canoa. Questi criteri peraltro sono disponibili per consultazione nello splendido volume *Criteri elementari per la scelta dei percorsi della canoa e stupore perché qualcuno ancora non ha capito ciò che è ovvio*, di G. Bovolenta, edizioni Pagaya. Nonostante questo, e con una certa riluttanza, mi accingo a ripetere ciò che già tutti sanno: i percorsi per la canoa solitamente vanno dalla sorgente alla foce e non viceversa.

In atletica si parla di falsa partenza. Che cosa significa?

In atletica le figure di falso sono due: la falsa partenza e il falso partente. Dicesi falso partente uno che ai blocchi racconta al vicino di corsia di essere sposato e invece non lo è, oppure che sostiene di non avere mai assunto doping in vita sua, e così via. Famoso è il caso del falso partente

Igor Marini, centometrista della Sisde Roma, che al Palavela di Torino confidò al suo vicino di corsia di avere corso ai Giochi dei Balcani una staffetta con Prodi, Dini e Fassino. Il fenomeno del falso partente viene da poco combattuto con l'ausilio delle tecnologie più avanzate: ai blocchi elettronici, dal mese scorso, è stata applicata una macchina della verità con Santalmassi di fianco. La falsa partenza, invece, è quando uno fa finta di partire e poi rimane lì, oppure quando uno fa finta di non partire e allo sparo dello starter ha già fatto il giro d'onore coperto dalla bandiera del proprio paese, coi fiori, mandando i baci a tutto lo stadio, e con dietro Alessandra De Stefano di Rai Sport che gli fa domande incomprensibili e inciampa perché ha sempre gli occhiali da sole. In ogni caso, la falsa partenza è stata recentemente depenalizzata dal ministro Castelli che l'ha derubricata da falsa partenza a "partenza parzialmente veritiera".

Che cosa ti piace di più nel ciclismo?
Le irruzioni dei Nas.

Che cosa indossa il portiere di una squadra di hockey?
La vestizione di un portiere di una squadra di hockey è piuttosto semplice e infatti inizia soltanto sei mesi prima della partita, quando il campo da hockey su ghiaccio è ancora un prato in fiore. Essa consta di tre fasi. Nella

prima fase sul portiere viene colata una gettata di ghisa rovente che gli conferisce la caratteristica grazia nei movimenti e allo stesso tempo lo preserva dai colpi proibiti da uno a caso della famiglia Gallivanone, che è presente in ogni squadra di hockey col solo scopo di mazzolare proditoriamente il portiere avversario. Una volta rappresa la ghisa, si procede alla vestizione vera e propria. Vengono perciò applicate cavigliere, ginocchiere, tibiere, anchiere, mentoniere, orecchiere e un pompiere, che interviene nel caso che lo sfregamento del bastone con gli avversari provochi piccoli incendi. Ma il fulcro della divisa da portiere di hockey è senz'altro la maschera, che consente al portiere di sputare senza essere colpito, e gli garantisce una perfetta visibilità, tanto che non è raro trovare portieri di hockey su ghiaccio al catasto di Rimini, intenti a firmare una compravendita immobiliare, mentre credono di essere ancora in porta. Una volta indossata la maschera, viene chiamato Tanigachi Mizuki Disketo, lo stilista degli hockeisti, che in passato ha vestito Mazinga Z, Jeeg Robot, i Pokémon, e che ha disegnato quasi tutte le giacche di Tony Renis, il quale fa un poutpourri di tutte le sue precedenti creazioni *et voilà*: il portiere di hockey è pronto per scendere in campo e prendere un sacco di mazzate.

Perché il tappeto del biliardo viene riscaldato?
Perché nottetempo ci dorme sopra il barista.

Perché, quando lancia il martello, l'atleta urla?

Ci sono diverse teorie sul perché il lanciatore del martello urli. La prima si deve al martellista russo Alexei Aldrovandi e sostiene che il lanciatore urla il nome del giudice di gara che sta per essere colpito dal suo martello. Secondo lo studioso marocchino Ibrahim Vianello, l'urlo non è del lanciatore, ma della moglie del giudice di gara che sta per essere colpito dal martello. Gianni Vattimo infine, nel suo *Fenomenologia del martello e del perché il lanciatore del martello quando lancia il martello urla*, avanza un'ipotesi suggestiva: il lanciatore di martello urlerebbe perché gli è morto il gatto.

Cosa puoi dirmi della combinata nordica?

La combinata nordica è uno sport talmente appassionante che per vederlo si spostano persino da Solbiate Olona. Intere famiglie la mattina si muovono da Solbiate Olona e raggiungono Sarvanatopaanni, in Finlandia, famosa per avere i cartelli stradali col nome della città su due righe e per aver dato i natali a Gianfranco Zola, che è per questo soprannominato "il tamburino di Sarvanatopaanni". La combinata assomma due sport: il trampolino e, dopo il trampolino, una bella grigliata di carne di cervo. Non è raro vedere saltatori dal trampolino che si librano nell'aria mangiando già alcuni spiedini di cervo. Una giuria, appostata ai bordi del trampolino mentre mangia carne di cervo, usa delle palette fatte con osso di cervo per dare i voti ai salti, ma anche come stuzzicadenti. Finita la grigliata di cervo, il concorrente ha due possibilità: o si ferma lì, oppure può iniziare la prova di sci di fondo che è solitamente facilitata dal fatto che si è inseguiti dai parenti dei cervi precedentemente grigliati. Alla fine della prova di fondo, nuova grigliata e proclamazione del vincitore che di solito è Paavo Alantomaskalaainen, cioè l'unico che è riuscito a non vomitare carne di cervo.

Perché la Sei Giorni di ciclismo non è più popolare come una volta?

Non è vero che la Sei Giorni non è più popolare come una volta, ma è vero che non vengono più organizzate nuove gare. La colpa è della Federazione internazionale che non ha ancora avuto il coraggio di abolire il surplace. È per questo che tutte le Sei Giorni mondiali attendono l'esito della Sei Giorni di Amburgo del 1980, nella quale Patrick Sercu e Costante Gaiardoni diedero vita a un memorabile surplace che è tuttora in corso. Nel frattempo il palazzetto dello sport di Amburgo è stato ricostruito quattro volte, lasciando intonso soltanto il mezzo metro di pista occupato da Sercu e Gaiardoni, che vengono rifocillati con un periodico lancio di banane e ormai hanno imparato a scrivere il proprio nome con i piedi. Gli organizzatori stanno cercando un volontario che si porti proditoriamente alle spalle dei due e faccia loro "bù" inducendo almeno uno dei due a partire. Ha detto della Sei Giorni Fausto

Bertoglio: "Non ho mai partecipato perché quei sei giorni lì ero impegnato."

Hai mai visto una gara di motoslitta?

Non solo ho visto gare di motoslitta, ma a Fidenza, dove abito e dove la motoslitta è lo sport più praticato, organizzo ogni anno il Campionato mondiale di motoslitta. L'organizzazione è semplice: basta guardare alla voce "motoslitta" sulle Pagine Gialle, dove sono segnalati tutti i corridori di motoslitta, e telefonargli. Se c'è la segreteria, basta lasciar detto il giorno e l'ora del campionato che loro, siccome il corridore di motoslitta non ha niente da fare, si presentano già motoslittati. Poiché le Pagine Gialle sono aggiornate di anno in anno, capita di telefonare a un corridore di motoslitta che nel frattempo è deceduto e in quanto tale è stato impossibilitato a dare la disdetta alle Pagine Gialle. Fortunatamente, essendo la motoslitta uno sport tramandato di padre in figlio, non è raro che al posto del deceduto partecipi il figlio col suo motoslittino. L'attività di organizzatore è ostacolata dal fatto che a Fidenza non nevica mai e quindi i partecipanti devono portarsi la neve da casa. Per il futuro però mi sono accordato con un bar di Fidenza che dispone di una grossa macchina per fare il ghiaccio, e tutto dovrebbe risolversi.

Che cosa sai della pelota basca?

Intanto sgombriamo il campo da un diffuso equivoco: la pelota basca non è il calcio praticato da individui che indossano il basco. Si tratta, invece, di uno sport diffusissimo nella regione basca, praticato quasi esclusivamente da baschi, per baschi, con baschi, che viene trasmesso da televisioni basche. Prima delle partite vengono diffuse canzoni di cantanti baschi, come Don Baski e Basco Rossi. La pelota basca consiste sostanzialmente in questo: una pallina viene lanciata di qua e di là da invasati che indossano un rostro fatto di vimini e setole di cinghiale. Non c'è punteggio: vince chi tira più forte. I giocatori più importanti di pelota basca sono Paco Goikoetxea, detto "El cannon loco", Manuel Olartikoetxea, detto "El bombador de Bilbao", e Gaspar Orandatiirecostacramefrangotxea, detto "Laurent Fignon". Una notazione: la pelota basca non va confusa con la pelota valenciana perché in quella c'è anche il coniglio. Curiosamente, l'attuale campione del mondo di pelota basca è la Finlandia.

Quando il bridge entrerà nei Giochi olimpici?

Venerdì.

È vero che in India si gioca a polo con gli elefanti?

Capirai, se con tutti i pensieri che hanno in India gli viene anche voglia di mettersi lì a giocare a polo con gli elefanti... La verità è che erano stati gli elefanti a chiedere alla Federazione indiana polo (Fipo): "Perché non ci utilizzate nel polo?" La ragione di questa richiesta era dovuta al fatto che gli elefanti indiani erano stufi di bighellonare per l'India senza avere niente da fare e senza uno scopo nella vita. Questa mancanza di stimoli aveva portato le nuove generazioni di elefanti indiani a drogarsi, a bere e a prostituirsi. Infatti la prostituzione di elefanti in India ha raggiunto livelli ormai intollerabili. Passando per Nuova Delhi lungo la circonvallazione che va verso Bombay, ogni cento-centocinquanta metri si vedono elefantesse con le autoreggenti che si scaldano al fuoco di copertoni cercando di adescare camionisti bangladesi. Secondo il sociologo indiano Majid Felakudi, autore del saggio *L'abulia del pachiderma*, non sarebbe estraneo a questa vita dissipata il fatto che in India va molto la mucca, mentre l'elefante non se lo fila nessuno neanche di striscio, se non raramente Moira Orfei. Per questo l'elefante ha scarse possibilità di essere utilizzato nel polo e viceversa.

Perché al vincitore della 500 Miglia di Indianapolis viene fatto bere del latte?

Al vincitore della 500 Miglia di Indianapolis viene fatto bere del latte perché il latte per Indianapolis è come il tondino per l'edilizia per Brescia: se la 500 Miglia di Indianapolis si svolgesse a Brescia, al vincitore verrebbero fatti ingoiare cinque o sei tondini per l'edilizia.

Tennistavolo e ping-pong sono la stessa cosa?

Il tennistavolo e il ping-pong sono la stessa cosa. Il tennistavolo è uno sport olimpico con le sue regole, la sua Federazione e i suoi praticanti. Il tennistavolo diventa ping-pong quando, verso le tre del pomeriggio, dopo un lauto pranzo in campagna, ti viene voglia di fare una pennichella, ma c'è sempre un rompicoglioni che urla: "C'è il ping-pong, facciamo una partita," e stai tutto il pomeriggio con il tic toc della pallina nelle orecchie pensando a quel farabutto che ha inventato il ping-pong.

Quali sono le regole del curling?

Mi fa piacere questa domanda perché ormai il curling è diventato uno sport di massa, milioni di italiani si sintonizzano domenicalmente su *Tutto il curling minuto per minuto*, e tutte le televisioni dedicano al curling lo spazio che merita. Potremmo definirla una curling mania. Il segreto del successo del curling è la facilità di praticarlo. È sufficiente una landa di ghiaccio di tre chilometri per settecentocinquanta metri, perfettamente piana. A questo punto il più è fatto. Non resta che trovare una boccia da curling: potrete comodamente comperarla nel più vicino Curling Point che attualmente si trova a Uusikaupunki, circa cento chilometri a nord di Helsinki. In alternativa potete costruire voi la vostra boccia da curling chiedendo a vostra moglie se può cortesemente raggomitolarsi ed entrare in un cerchione da macchina, pregandola poi di tenere in mano un ferro da stiro che diventerà la maniglia. Ora non resta che assoldare gli spazzolatori, cioè quelli che rendono più veloce la corsa della boccia. Si tratta solitamente di manodopera pachistana (paese dove il curling è osteggiato dal regime perché sobillerebbe le masse) che è preferita agli spazzolatori polacchi poiché la spazzola dei polacchi è usata anche ai semafori e dunque è meno efficiente. Ha detto del curling Oscar Wilde: "So resistere a tutto, soprattutto al curling."

Che cosa pensi dello sci nautico?

Penso tutto il bene possibile, perché grazie allo sci nautico sono riuscito a far fuori mia suocera. Ricordo ancora perfettamente l'episodio: il mio astuto piano prevedeva di portarla con un fuoribordo munito di motore a due cavalli da Gabicce Mare fino allo Stretto di Gibilterra, poi di lasciarla lì in balìa di Free Willy. Purtroppo nella notte il costo del greggio al barile aumentò a dismisura e dovetti quindi cambiare piano. La convinsi a fare sci nautico a piedi nudi nella piscina comunale di Salsomaggiore Terme. Bene, detti un'accelerata così violenta al mio rombante motoscafo che ella si spiaccicò contro il trampolino aderendo talmente tanto al muretto che oggi è scambiata per un bassorilievo di Ranuccio da Messina e, di conseguenza, considerata bene pubblico. Proprio la settimana scorsa è stata cartolarizzata da Tremonti e ceduta a una cooperativa di muratori e cementisti cinesi, la Cmcc, per ottocento euro. Al di là di questo simpatico episodio, lo sci nautico mi piace molto e lo pratico soprattutto in primavera nei laghetti artificiali di pesca sportiva per rompere i coglioni ai pescatori. Il mio idolo di questa disciplina sportiva è Tamelindo Paterno detto "Evinrude" che praticava lo sci nautico nella sua forma più estrema: si faceva legare il motoscafo (spesso un Sea Ray 460 Express Cruiser, a volte un Maxum 2400 Sc3) dietro la schiena e lo trascinava per ore e ore all'Idroscalo sino a quando veniva sua moglie a dirgli che era pronto in tavola.

Perché nel tennis sulla terra rossa i giocatori quando accettano la decisione cancellano l'impronta della pallina?

Ci sono due teorie. Secondo lo psicologo francese Jean-Pierre Decisif, il tennista cancella l'orma della pallina dopo un complesso ragionamento psicologico che in sostanza è questo: "Già che son qui, cosa mi costa cancellarla?" E trà – ci passa sopra il piede. Secondo il più grande esperto italiano vivente di tennis, Gianni Clerici, invece, il tennista cancella l'orma della pallina perché teme che sua moglie scopra da quell'indizio che lui da anni ha una relazione mica tanto nascosta con il giudice del net.

Qual è il profilo ideale di un bobbista?

Se consideriamo che il bob, nella sua essenza più pura, rappresenta compiutamente la metafora della vita (si pensi al solo fatto che il bob, per andare, deve andare in giù, e a un certo punto c'è il traguardo), il bobbista ideale è in fondo colui che, come diceva Demostene nel suo *Oi bobistoi katap pleonon* (*I bobbisti hanno solo della gran forza*, edizioni Hobby & Work), è stato scartato. Ossia il reietto, colui che non ce l'ha fatta negli altri sport e s'è rifugiato nel bob. Perché, in fondo, per mettersi a sedere su un coso che va veloce verso il basso sul ghiaccio non ci vuole poi 'sta gran fatica.

Ma che cos'è il villaggio olimpico?

Citerò le parole di Oreste Perri nel suo *Il villaggio olimpico, se sapevo che era così venivo col camper* (Hobby & Work, 256 pagine, 2003): "Il villaggio olimpico è un afflato unico e inarrestabile di persone unite da un solo, grande, meraviglioso obiettivo: condividere la fiamma olimpica che è nei loro cuori con quella di altri individui animati dalla stessa passione. E se al limite ci scappa anche da far bene con qualche pischella che fa il salto in lungo, insomma, si torna a casa col cuor contento. Anche se si è stati eliminati nelle qualificazioni da uno di San Marino."

Nella mitologia greca chi sono le cariatidi?

Le cariatidi sono una figura della mitologia greca metà uomo e metà Paolo Limiti.

Vorrei sapere qual è la lunghezza ideale della tavola da snowboard.

Non c'è una lunghezza precisa, ma la Federazione impone che sia più corta del percorso di gara, per evitare che si ripeta il caso dell'atleta italiano Sigrid Wilmuth Estergartner che appoggiò il suo snowboard sulla neve alla partenza e lo percorse correndo fino alla linea d'arrivo, aggiudicandosi il titolo mondiale 1998.

So poco del tennis da tavolo: puoi spiegarmi quali sono le regole base?

Anch'io sapevo poco del tennis da tavolo fino a quando non ho incontrato Kim Ho Hang, un atleta di origini cinesi che mi ha introdotto a questa magica disciplina. Rispetto al tennis, che è il fratello maggiore del tennistavolo, ci sono alcune differenze sostanziali: innanzitutto è raro che le partite di tennistavolo si disputino su tavoli in terra battuta, in erba o in cemento. La superficie ideale di questa disciplina è il legno massello, meglio se istoriato con alcuni disegni in arte povera del mobilificio Pellecchia di Bassano del Grappa (quello per intenderci che in questo periodo propone la speciale formula 3x2, per cui tu prendi tre cucine e ne paghi solo due. Inoltre, al mobilificio Pellecchia vi aspettano Marco e Claudia per trasformare la vostra casa in un accogliente nido d'amore. E ricorda: se vieni con un amico, Pellecchia ti offre in omaggio il pratico set da campeggio e un ingresso gratuito a Gardaland. Inoltre, acquistando un arredamento completo, potrai vincere un viaggio per due persone nell'hinterland di Carpi. Pellecchia: quando il massello dà spettacolo). Le racchette del tennistavolo sono in betulla (e dov'è la migliore betulla? Ma da Pellecchia, perbacco! Che ti ricorda il mese della betulla: solo per ottobre, fantastici mobiletti da bagno in betulla a partire da 730 euro. Chiama ora e prenota un posto sui nostri pullman che partono quasi sempre dal centro di Sassari e qualche volta arrivano anche). Sul tennistavolo resta da dire un'ultima cosa: gli incontri di tennistavolo sono solitamente commentati da Rino Tommasi junior e Giannino Clerici (Questa domanda vi è stata offerta dal mobilificio Pellecchia di Mario Santosuos e figli, via del Ponteggio 8, zona artigianale di Bassano del Grappa. Non telefonate ore pasti perché stanno mangiando).

Perché la Ferrari non ingaggia piloti italiani?

La Ferrari non ingaggia piloti italiani perché si fanno sempre riconoscere: durante i Gran Premi danno gli abbaglianti a quello davanti, non usano la cintura, guidano telefonando, quando c'è il cambio gomme parcheggiano nello spazio riservato alle Williams, dopo il sorpasso fanno le corna a quello di dietro. Inoltre pretendono che durante il rifornimento i meccanici gli timbrino la carta carburante e questo rallenta inevitabilmente i tempi sul giro.

Cosa significa il colore nelle cinture di judo?

L'introduzione dei colori nelle cinture dello judo è relativamente recente e coincide con la nascita della televisione: prima le cinture nello judo erano, seppure in diverse tonalità, tutte grigie. E questo perché Jigoro Kano, l'inventore dello judo, veniva da un periodo particolarmente cupo della sua esistenza, dovuto al fatto che aveva già inventato le cinture ma cominciava a essere molto spazientito perché non gli riusciva di inventare il judogi. I colori delle cinture oggi sono: bianco, giallo, arancione, verde, blu, marrone e nero. Il bianco te lo danno in palestra al saldo della prima rata. Il giallo al saldo della seconda. L'arancione al saldo della terza. Il verde alla quarta, il blu alla quinta, il marrone alla sesta e il nero quando ti fai carico di pagare la rate dell'auto nuova dell'istruttore. La cintura nera si divide in diversi Dan. Si ottiene un Dan ogni qualvolta si riesce a dimostrare di aver menato Dan Peterson.

È vero che i tennisti hanno un braccio più grosso dell'altro?

No, è sbagliato. È l'altro braccio che è più piccolo.

Come fa l'arbitro a vedere tutti i falli della pallanuoto?

Grazie a un aiutante. Pochi lo sanno, infatti, ma nelle piscine di pallanuoto è utilizzato dal campionato scorso un cavedano pescato nel delta del Po, detto il quarto cavedano, che grazie all'inquinamento ha sviluppato una sensibilità non comune per i falli (e poi c'è anche il vantaggio che pur di venire via dal Po paga lui qualcosina). Il cavedano, peraltro, è notoriamente il pesce più intelligente fra tutta la fauna ittica che popola le acque nostrane. Infatti il cavedano, detto anche "El Cavian", se opportunamente addestrato, riesce a ricordare tutto il regolamento internazionale della pallanuoto, a distinguere tra i vari colori delle calottine, e poi non è invadente. Una volta rilevato il fallo, il cavedano si dirige speditamente ma senza farsi troppo notare a bordo vasca, dove, dopo aver richiamato l'attenzione dell'arbitro, parlotta brevemente con lui e gli indica il giocatore falloso, il tipo di fallo e la durata dell'espulsione a tempo. Finito il compito, si acquatta sotto una ninfea e da lì osserva le restanti fasi di gioco con l'attenzione che hanno tutti i cavedani verso le gare di pallanuoto. Una curiosità: inizialmente invece del cavedano si era tentato con una rana, ma vuoi per la capacità di galleggiare della rana, vuoi perché spesso la rana si confondeva con le calottine verdi, andò malissimo. Così la rana fu dirottata a giudicare i tuffi dalla piattaforma.

Cosa fanno gli sciatori prima della gara?
Gli sciatori prima della gara si riscaldano con le sciatrici.

Quali doti bisogna possedere per poter diventare abili giocatori di scacchi?

Il gioco degli scacchi è alla portata di tutti, a patto di rientrare in alcuni comunissimi canoni. Innanzitutto, il bravo scacchista deve possedere una forza fuori dal comune, perché può capitare di dover partecipare a una partita con gli scacchi viventi tipo quelle che si giocano a Marostica, con la necessità di sollevare personalmente alfieri di peso superiore al quintale o addirittura cavalli veri, sellati, con tanto di fantino, per tacere poi della torre che spesso richiede la presenza di un cugino culturista e del nipote di Vin Diesel. Il giocatore di scacchi deve inoltre essere una persona fondamentalmente onesta, perché, durante certe interminabili partite, quando l'avversario si assenta per andare in bagno, è fortissima la tentazione di rubargli tutte le pedine e scappare a gambe levate per cercare un minimo di divertimento tra le ballerine di lap dance che si esibiscono nel più vicino night club. L'ultima e forse più decisiva caratteristica è che lo scacchista deve essere russo.

Non conosco il baseball: potresti spiegarmi le regole?

Il baseball è molto semplice. Mi stupisco che uno sport così lineare non abbia ancora riscosso in Italia il successo che merita. Innanzitutto, si prende un pubblico, preferibilmente composto da persone obese, che brandiscono enormi vassoi contenenti hot dog, hamburger, ketchup, patatine e una grossa tazza di caffè dolcificato con l'aspartame. A questo punto il più è fatto: in mezzo al campo ci sarà un tizio con quella che a prima vista sembrerebbe un'enorme mano marrone. Invece è un guantone che nasconde una pallina con l'anima in tungsteno, sulla quale avrà precedentemente sputato per renderla più difficilmente controllabile da quello con la mazza che gli sta di fronte. Anni fa, anziché sulla pallina, i giocatori si sputavano vicendevolmente. Ma poi quello con la mazza picchiava quello con il guantone e vinceva sempre per abbandono. Per questo furono cambiate le regole che oggi capirebbe chiunque, anche Pierluigi Diaco. Allora, le cose oggi stanno così: quello sul monte lancia violentemente la palla a uno che sta dietro a quello con la mazza. Se quello con la mazza sta fermo e la pallina gli passa sotto la mazza e sopra la spalla, non succede niente. Se non succede niente per quattro volte, quello con la mazza lascia la mazza e trotterella fino al cuscino. Se, invece, quello senza mazza lancia la palla a quello dietro quello con la mazza e quello con la mazza cerca di colpire la palla ma non ci riesce, non succede niente. Se non succede niente per altre tre volte, quello con la mazza lascia lì la mazza a un altro che arriva dopo. Se quello che arriva dopo sbaglia anche lui per tre volte, subentra un terzo. Se anche il terzo sbaglia per tre volte, quello con la mazza si prende un guanto e quello con il guanto prende la mazza. Che senso ha tutto questo?

Perché i nomi dei cavalli sono così strani?

I nomi dei cavalli sono così strani perché a sceglierli sono i cavalli stessi.

Che cosa pensi della pallanuoto?

Io della pallanuoto penso tutto il bene possibile, basta che i miei figli non la giochino in casa. La pallanuoto nasce storicamente nel 1374 quando il sommo poeta fiorentino Dante De Magistris ebbe l'idea delle calottine per distinguere i giocatori della Pro Arcadia da quelli del Dolce Stil Novo. Il momento più basso della pallanuoto si ebbe negli anni settanta, quando questa disciplina praticamente scomparve dall'intera Europa dato che tutte le piscine erano requisite per i Giochi senza frontiere. E anche in quelle poche utilizzabili, a metà del terzo tempo era obbligatorio giocare il jolly. È fondamentalmente sbagliata la teoria secondo cui per essere buoni pallanuotisti non occorre saper nuotare.

Come funziona il sollevamento pesi?

Del sollevamento pesi si trovano tracce addirittura nel *Pentateuco* ("Il Signore non sbaglia mai, ma creando una disciplina così insulsa c'è andato abbastanza vicino"), anche se il periodo d'oro si ebbe tra gli antichi Egizi. Le regole erano leggermente diverse da oggi: i praticanti, infatti, non svolgevano la loro prova singolarmente, ma insieme ad altre decine di migliaia di atleti. Gli arbitri erano, inoltre, dotati di grosse fruste, e i campionati nazionali terminavano solo quando la piramide era conclusa. Oggi la vita del sollevatore di pesi è molto più complicata e tutti i sollevatori come seconda attività mettono su una ditta di traslochi. Questo perché il loro stipendio medio, detratte le normali aliquote e la tassa Tremonti (detta "Una tantum al chilo"), ammonta a trecento euro al mese. Inoltre il sollevamento pesi non è televisivamente appetibile perché è considerato dagli esperti appassionante come uno speciale di Luciano Rispoli sull'evoluzione del congiuntivo belga a cavallo fra il Trecento e il Quattrocento. L'unico momento appassionante delle gare di sollevamento pesi è quando al sollevatore di pesi gli va giù l'ernia: a quel punto fermano la gara per cercarla sulla moquette. Ci si è chiesti spesso cosa urlino i sollevatori di peso al momento dell'alzata. Ne è venuta fuori una statistica interessante secondo la quale il 22 per cento dei sollevatori urla che vuole l'aumento, il 28 per cento maledice il momento in cui è diventato sollevatore di pesi e il restante 50 per cento urla: "Sandro Bondi!"

Il polo è uno sport da ricchi?

Praticare il polo non è assolutamente costoso, ma è sufficiente un'attrezzatura alla portata di chiunque: una brughiera di proprietà intorno ai cinquanta ettari, un cavallo purosangue, un cavallo di riserva per fare il turnover, un casco in kevlar facilmente reperibile al più vicino

Polo Point (che attualmente si trova a Stratford Upon, nello Yorkshire) e un maglione di cachemire interamente ricamato a mano da un vecchio nonno di Ermenegildo Zegna. Il polo è quello sport in cui bisogna contemporaneamente colpire una pallina con una mazza e mandarla in una porta montando un cavallo. Ci si è arrivati per tentativi. Inizialmente si era pensato di avere la mazza, la pallina e i giocatori montati da un cavallo. Ma l'esperimento fallì perché il cavallo non era in grado, con gli zoccoli, di manovrare la mazza. Si pensò allora di eliminare il cavallo e di lasciare solo la mazza e la pallina, ma quelli dell'hockey su prato fecero causa per plagio e non se ne fece niente. Fu perciò reintrodotto il cavallo, ma senza la mazza e la pallina. Tutte le partite, però, finivano 0-0 e il Totopolo ne risentiva. L'illuminazione dell'attuale regolamento si deve a Carlo d'Inghilterra, il quale per poter frequentare il valletto senza dare nell'occhio sellava il cavallo personalmente due volte a settimana. In Italia, il polo è giocato con regole leggermente diverse: gli atleti non sono a cavallo, ma stanno su una poltrona, insultandosi a ogni piè sospinto finché uno non chiede la verifica o il rimpasto. Si chiama Polo delle libertà.

Come si determina il punteggio nelle gare di tuffi?

È molto semplice: cinque giudici stanno a bordo piscina con delle vecchie palette dello *Zecchino d'Oro* comprate sottobanco dal Mago Zurlì e danno dei voti ai tuffi da 1 a

10. I tuffatori devono scegliere la difficoltà: si va dal "tuffo bomba con dita serrate intorno al naso e bermuda hawaiani" (che vale un coefficiente di -0,7 e, forse per questo, è scelto molto raramente) al "triplo salto mortale e mezzo carpiato dorsale con avvitamento, sospensione in aria per alcuni secondi per sorseggiare un tè freddo al limone, sparo di razzo di segnalazione, montaggio di mobile Ikea, lancio di popcorn al pubblico, dichiarazioni ai giornalisti sulla vittoria", che ha un coefficiente uguale a 7.500 per P greco alla sesta e ti dà tanti di quei punti che se lo fai bene puoi vincere una ricarica Vodafone da quindici euro. È, invece, assolutamente infondata la tesi secondo cui per fare un buon tuffo basti una piscina con meno di mezzo metro d'acqua.

Come hai passato l'ultimo dell'anno?

L'ultimo dell'anno l'ho passato come al solito: si va a cena da mia suocera. Siamo io, mia suocera, mio suocero, il fratello di mia suocera, la moglie del fratello di mia suocera, due cugini di mia suocera e un paio di anziani di lì, per cui in dieci, considerati me e mia moglie che siamo quasi sulla sessantina, facciamo 978 anni. La serata si svolge così: siccome sono tutti anziani, cominciamo a mangiare alle sette di sera e alle sette e quaranta abbiamo già finito, quindi il grosso problema è arrivare svegli a mezzanotte. La prima cosa che organizziamo è la tombola. Abbiamo una vecchia tombola che ha preso mia suocera che però per spendere meno l'ha presa difettosa, cioè tutti i numeri da 60 a 70 nelle cartelle sono nella fila dal 70 all'80 e ci sono tre 27 e quattro 42, mentre mancano il 18, il 31, il 28 e il 12. Quindi bisogna prima cercare le cartelle senza questi numeri. Di solito, i numeri li tira su il più anziano e siccome non ci vede prende il numero e lo mette sotto un enorme microscopio usato che abbiamo comprato diciotto anni fa da Palomar e dopo quattro o cinque minuti di visione è in grado di leggere il numero. Dopo che sono stati estratti cinque numeri, una vecchia zia viene colpita dalla cosiddetta "sindrome del 90", cioè continua a chiedere se è uscito il 90. A questo punto, quando la cosa diventa imbarazzante e non si può più andare avanti, prendiamo le vecchie cose che si buttano dalla finestra la notte del primo dell'anno e con loro buttiamo giù anche la zia. Questo però invalida la tombola, quindi dobbiamo ricominciare. E allora accade di frequente che piuttosto che giocare a tombola continuiamo a rivedere il discorso a reti unificate del presidente della Repubblica dalle otto di sera fino a mezzanotte. Poi stappiamo una vecchia bottiglia di sidro che mio suocero tiene in frigo dalla fine della Seconda guerra mondiale e che è ormai diventato aceto balsamico e gridiamo tutti insieme: "Evviva il nuovo anno, evviva Pazzini."

L'hockey su ghiaccio si può definire uno sport violento?

La domanda cade a fagiolo perché l'hockey su ghiaccio è, dopo calcio, basket, volley, tennis, tennistavolo, rugby, baseball, pallamano, sci alpino, sci di fondo, salto con gli sci, maratona, getto del peso, lancio del giavellotto, lancio del martello, mezzofondo, ciclismo su strada e su pista, ciclocross, karate, football americano, curling, corsa nei sacchi, tiro alla fune, ruzzolone, sumo, biliardo, aikido, palo della cuccagna e gara di rutti, uno dei miei sport preferiti. A prima vista sembrerebbe una disciplina violenta, ma un recente studio di Bonera, ordinario di Etologia della mazza alla "Village People University" di San Francisco, ha aperto nuovi orizzonti. Secondo Bonera, gli hockeisti nasconderebbero sotto una prassi fintamente aggressiva una enorme carica affettiva, una gran voglia di dare e soprattutto di ricevere. Bonera basa la deduzione su quattro elementi: 1) non ci sono donne; 2) il numero di contatti fisici pro gara è elevatissimo; 3) di tanto in tanto due voyeur col fischietto dirimono i mucchi di assatanati; 4) il motto della Federazione internazionale hockey su ghiaccio è: "Non possiamo continuare a vederci così."

Qual è stato il pugile più cattivo della storia?

Il pugile più cattivo fu Dante Canè, peso massimo bolognese in grande auge negli anni settanta. Canè aveva una salumeria a Bologna, e di lui si racconta che fosse così cattivo che ammazzava i maiali con una serie impressionante di uppercut al mento e di ganci alla mascella, tanto che alcuni suini negli ultimi tempi avevano cominciato a prendere contromisure e si presentavano all'angolo con il casco protettivo e un secondo, quasi sempre Branchini, che li cospargeva completamente di vaselina per far sì chc i colpi di Canè scivolassero sulle setole. A Canè si ispirò Sylvester Stallone, che, in una famosa scena di *Rocky III*, appena prima del combattimento decisivo, mangia un panino col salame.

Ciao Gene, ma non è che queste domande te le scrivi da solo?

Ho deciso di rispondere a questa domanda proprio per fare chiarezza su questo argomento. E il fatto che tu lettore mi scriva pensando che io le domande me le inventi suppone che tu non conosca la mia specchiata onestà morale, la mia ferma dirittura etica, la mia suprema dedizione alla verità. Quindi per farti capire, proprio perché sei un lettore vero, e hai posto una domanda che è una cazzata memorabile, ti rispondo: “Sì, le domande me le scrivo da solo, tranne la tua, vecchio pisquano.”

Bompiani ha raccolto l'invito della campagna
"Scrittori per le foreste" promossa da Greenpeace.
Questo libro è stampato su carta certificata FSC,
che unisce fibre riciclate post-consumo a fibre vergini
provenienti da buona gestione forestale e da fonti controllate.
Per maggiori informazioni: http://www.greenpeace.it/scrittori/

Finito di stampare
nel mese di aprile 2013 presso
Grafica Veneta S.p.A.
Via Malcanton, 2 – Trabaseleghe (PD)

Printed in Italy